在最暗處看見光

甘仲維
墨鏡哥——著

推薦序

看不見之後，看得更遠

時間拉回到二〇一四年六月十九日那天，劉敦仁、李永銘、王建立、葉耀明四位資深博士口委就要在那種很特殊的情感及氛圍下舉行仲維對論文的最後 defense 口試。

坦白講，我個人忝為仲維的指導教授，情感上實在很擔心他可以順利過關嗎？如何不假他人之手而能將近五十頁投影片描述完畢？更擔心的是如若任一口委問到某一頁投影片內容時，他如何正確地翻到那頁？他又如何回答？雖然內心有一百個顧慮，仲維可能無法獨立完成此口試。是不是不得已我也必須跳出來支援他的 defense ？但當時更多的顧慮又浮上腦海中，如若我出手會不會傷其自尊？更何況當年為了鼓勵仲維站起來，曾經很殘忍地跟他說：「拚博士，只要有毅力沒有不可能完成的事。但如要老師指導，那老師就要求將來你這博士學位的得來，絕對不能是來自於施捨。它必須是你拚搏的血汗成果……」

當時余內心的思慮是無論如何希望仲維能憑靠一己之力通過此考試的淬鍊。我深知仲維如過此關，則天下再也沒有難得倒他的事！他將來會是一位有超強能力肩負降低或消除塵世間好多殘障者苦難的一位佛菩薩。

余一直堅信冥冥之中仲維後天眼盲的特殊造化雖說是苦難，但難道不也是上帝要他完成大業前須先承受「勞其筋骨，餓其體膚，空乏其身……」的必要嗎？他眼盲前有非常傑出的資訊能力，他知道網路科技未來的走向，因此在他承受眼盲的苦痛時，不也是他的超強資訊能力已被上蒼指定為此娑婆世界的苦痛盲者造福及解除苦痛嗎？

那天的口試非常成功。仲維藉由高科技的小錄放音機配合靈巧的雙手操作，快速正反轉至每一頁的摘要聲音檔，並藉由耳機掌握每一張投影片摘要。面對著所有口委，他不用回頭看投影片（事實上也無法看到），他很清晰地侃侃而談，解說每一張投影片，如沒事先知悉其眼盲則一切表現就如常人。

後來口委們對仲維論文提問的專注程度如常嚴謹，進而連細節問題也詢問得很尖銳。我相信那一瞬間其實眾口委們甚至忘記了他們所追問的對象是一位完全看不到投影片上任何文字的盲者。當天余全程錄影了仲維對所有口委的答辯，這一切所作只想為仲維留下真的獨立完成了博士 defense 的證據。

仲維眼盲後的論文研究也在我的要求及鼓勵下，嘗試思考如何藉由己身苦難經驗之需要被解決，而研究如何以視覺障礙使用者經驗來操作智慧型行動裝置ＡＰＰ服務障礙之克服分析。他走上了如何藉由資訊科技的特殊專長，整合眼盲後之親身體會，開展出一般人沒看到也無法瞭解的殘障世界的問題探討。仲維博士的努力也在交大一〇四年畢業典禮時獲得學校的高度讚賞，由他代表上台接受表揚。

今天余有幸能為仲維博士的新書寫序，倍感榮焉。也希望能藉由他眼盲後以至如何克服萬難完成博士學位之心路歷程來呼應仲維博士「看不見之後，看得更遠」的所有努力。當然更希望藉由本書的出版，也能鼓勵更多更多好朋友，只要你有毅力，那麼往往你的苦痛都可能幻化成努力向前行的動力。或許藉一句俗語「化危機為轉機」讓大家共勉生命永遠是會自己找尋出路的，只要你有堅毅的心！

寫於交大資訊管理與財務金融學系

陳安斌　敬筆

二〇一六／六／十四

推薦序

跌倒了再站起來的勇士

緩緩地展書，在靜謐的夜，細細體會那一字一句略帶淘氣卻更加突顯椎心之痛的歷程，我看到的是一個真正的勇士，奮力往前。雖然失明衝擊著他原先的步調，但他著著實實希望這段戰勝變故的正向思考，可以帶給這個世界更溫暖的光亮，這就是我心中認識，真正的勇士，仲維。

是怎樣的勇氣與信念，願意將疤再掀，容血再流？
只為立一個作繭自縛、破出成蝶的參考線？
教黑暗中的絕望孤寂的每顆心，再次掀開簾幕，看見蔚藍的青天！

與仲維同樣的，我的成長歲月也有大半時間在國外，那種思念生長的土地，輾轉流連中亟欲紮根，渴望友情，企盼建立內心歸屬感的過程，因此，我特別可以感受他描繪從來不曾有同學會那種淡淡的孤寂感。

於此，更能反映出當他經歷一段刻苦銘心的愛戀時的分量，以及與女友小雞不得不說再見時那種撕裂的苦楚。那是他始終追求的那一點溫暖的材薪啊！而當愛遠離，實在令人很難想像究竟是什麼可以支應斷裂的筋腱再站起來，並能逐漸地奔跑，自在的高歌！

當我看見仲維再次回到鎂光燈下，願意站起來為台積電志工社服務的小朋友們繼續服務，繼續願意用他充滿感性的歌聲感動大家。這克服內心的轉折與從苦難中轉出，為要帶給其他需要的人希望的一種再奮起，在台下的我滿心喝采！

這本書是用生命刻下印記的真實，沒有華麗的詞藻，但也正因他真摯、自然，所以動人且發人深省。雖面對年少摯愛的遠離，卻因此能從中重新定義人生、價值以及與家人互動的緊密關係。

特別是仲維的母親，我於其中看見的是一份偉大的母愛。與讀者分享我最為動容的一段，也許是同樣源自於身為母親的一種不捨與悸動：

媽媽有天在廚房煮飯，我的心情五味雜陳，循著鍋鏟炒菜的聲音，慢慢走到她身邊，克制不住的眼淚不斷順著臉龐滑落。

「媽，對不起，都怪我沒有把自己照顧好，現在反而要讓妳來照顧我。真的對不起！對不起……」我聽見自己的聲音愈來愈顫抖，最後哽咽到說不出話。炒菜的鍋鏟聲頓時停了下來，媽媽轉過身來抱著我，鼓勵地說：「維維，你不要責怪自己，也不可以自暴自棄，媽媽年紀大了以後還要靠你養呢！一定要振作起來，好嗎？」

她的語調故作鎮定，卻掩藏不了啜泣的鼻音，我知道她哭了，雖然看不見她的眼淚，卻能感覺她的淚水正一滴一滴落在我的心頭上。……空蕩蕩的診間孤孤單單地剩下我們兩個人，我的世界只有媽媽始終不離不棄。

仲維的母親用信任、給正面的期待引導著他前進，而仲維分享了這段在需要上看到了自己責任的歷程，也因此，他拾回了熱情與動能，想要透過自己的故事，給予需要者更多的協助、影響鼓勵所有的夥伴，我深切地感受到他想對社會產生正向影響及改變的一種堅定決心。

那是身為一個勇士的印記。

台積電志工社社長 **張淑芬**

自序

請與我一起勇敢地踏出第一步

我是甘仲維，台灣第一個在失明後取得資訊領域博士學位的視障者。出生八〇後的六年九班，那時候只要注意天氣是好是壞，不需要擔心 PM2.5 濃度；也是國小作文題目少不了「我的志願」的年代，我從沒想過長大之後要當博士，也沒想過要當作家或廣播人，更沒想過要當一位視障者，但這一切卻同時發生了。完全失明後，我克服各種挑戰和考驗，直到手心捧著這本作品；看不見上頭的字卻感受到它的重量的這一刻，我知道這一切是真的。

離開台灣前，那是國語歌壇巔峰的年代，下課十分鐘，我偷偷聽著當時是違禁品、不能帶去學校的 AIWA Walkman（愛華隨身聽）。翻轉錄音卡帶A、B面，耳機傳來張雨生〈我的未來不是夢〉，喝一口冰涼的罐裝黑松沙士，自以為是全台灣最酷的小學生，而當年的我才國小二年級。

離開台灣前一週，最後一次上課，我特地繞到高年級教室外的老榕樹下，那是下課十分鐘我最愛窩的角落；帶上耳機，盯著操場上哪個小屁孩，用躲避球K了另一個小屁孩；第二節下課，哪個小屁孩搶到肉鬆麵包加海苔，哪個小屁孩不甘心邊啃菠蘿麵包邊想怎樣跑得更快。同樣的場景、畫面，就在雙手撥弄老松樹「鬚鬚」的同時，一幕幕消失在我眼簾，旅居海外多年四處打卡，本以為有些記憶會淡忘，殊不知早已深深烙印在腦海。即便我不再是小學生，也看不到了，那些小屁孩嘻笑打鬧聲，在黑暗處更顯得清晰、響亮。

許多人好奇我的成長背景，從小待過不同的國家，讀過各地的學校，打破跨越種族、文化、語言的障礙，並非家人從事外交工作，而我卻從小善盡國民義務，做好國民外交。萬萬沒想到成為障礙者之後，依舊為了身心障礙者的平等、平權議題四處奔走、費盡心思。甘媽打趣說：「就當能者多勞吧！」

不少人直覺認為是我的父母親用心良苦，與其說家庭從小刻意栽培，倒不如說歪打正著；畢竟那個年代千方百計把孩子送出國，又要忍受青春叛逆期的頂撞，父母實在難為。後來認識已成為「墨鏡哥」的朋友，無論是透過報章雜誌、電視、電台，或是網路等媒體，對於我的成長背景、求學歷程，甚至是過去及現在的專業經歷，除了感嘆更直言：「墨鏡哥這一路過來，不就是為了成為視障者而做準備嗎？」聽起來心酸，要能跨越非障礙到克服成為障礙者的恐懼和絕望；必須結合專業技能，以及成為視障者之後的所「聽」所「聞」，排除外在多餘的訊息，並跳脫自身的盲點與局限，還要盡一己之力、為視障及其他弱勢團體發聲，其實真的沒那麼簡單。

有一回在電台主持節目時，有位先天視障的聽眾 call-in，劈頭就說台灣社會對身心障礙者有多麼不友善，也激勵後天失明的朋友要收起眼淚趕快振作。雖然口氣難免直接、急躁，卻一針見血地點出這些鮮少被廣為探討、關心的議題。我當場在線上分享，先天障礙是與生俱來的，是後天不友善的環境突顯了這些不公不義；而後天成為障礙者除了要克服打擊，要學的實在太多，就像新生兒一般；因此，更需要高度的同理，不單是翻轉不友善的社會，更是人與人之間必須面對的課題。

每當睜開眼、閉上眼，察覺眼前只剩下一片黑，一開始老覺得手忙腳亂，就像還沒學會游泳，卻從橡皮艇上跌入大海中，管他蛙式、仰式、狗爬式，還是自由式，也顧不得優不優雅、帥不帥氣，死命地划啊、踢啊，只求能浮在水面上不要溺斃。經過一遍又一遍反覆練習，找到呼吸的頻率，透過聲音、氣味和定位點，看不到也可以靈活地擺動身軀。就像鯨魚不也是藉由聲納的傳遞，在一片汪洋中找尋方向感？雖然難免發生意外，GPS導航錯亂衝上岸，就算跌倒受點皮肉之傷，站起身拍拍灰塵，便能再次定位重新出發。就像書中提及大大小小的人物，甚至是陌生人對我伸出手試圖拉我一把，如果不伸出自己的手，又怎麼彼此帶動？原來看不到，只要換一種方式，不但可以繼續前進，還能夠持續探索這個世界。

「你真的看不到嗎？」這是失明後，最常被陌生人問的一句話。天知道我有多希望能再次看見天有多藍、雲的柔軟、家人的臉和你的笑靨而不可得，但等待醫療進步到能讓我重見光明之前，拿起白手杖的剎那，便是勇敢的象徵，自我保護不要受傷，是一種負責的表現，也讓愛我的人無須牽掛或跟著受傷。原來勇敢的擺動白手杖，敲打著節拍，就已經在黑暗處聽見了光。

僅以這本書，獻給每一位和我一樣，正在經歷人生不同階段挑戰的你。無論是看不到、聽不見、說不出、走不動，身體自然老化；或是失業、失學、失戀、失婚，找不到人生方向，別急著放棄，因為墨鏡哥也沒有。當你翻開這本書的第一頁，就像我第一次拿起白手杖，請與我一起勇敢地踏出第一步吧！

墨鏡哥

二〇一六／六／十九

【目錄】

推薦序　看不見之後，看得更遠　陳安斌　2
推薦序　跌倒了再站起來的勇士　張淑芬　6
自序　請與我一起勇敢地踏出第一步　9

緣起　22

每個人的生命都是一段獨一無二的旅程，也許所走的道路不同一方，可能選擇的發展不同一處，或許上天的考驗不同一般，因而你我身上所發生的故事亦各不相同。所幸，此刻我們得以在這本書裡以文字交集相會。幸會了！我親愛的朋友！

看不見的每一天，生活仍要繼續

天空的藍天白雲看起來多舒坦，山坡上那片草地有多麼綠，一望無際的海水交雜著深藍色與墨綠色，海浪拍上岸邊是一片氣勢磅礴的白，這些繽紛的色彩在夢裡異常清晰；但一覺醒來，卻什麼都沒有，眼前一切都是黑的。

失落夢境之外，是不折不扣的真實 28
穿給別人看，也要當型男 30
千元鈔比百元鈔大多少？ 31
靠招蜂引蝶搭公車 33
專業有自信，身段更柔軟 36
放輕鬆好好吃飯 38

Part 1

在移動中成長——求學之路平順

相較於那些歷盡滄桑而淬鍊出堅毅魂魄的人，我必須承認自己的成長經歷可算是較平順的。少年時期的「遷徙」與「移動」或許帶來些許不安穩、不安定，但也因此給了我此生最重要的禮物之一——獨立性格。

從來不曾有過同學會 42
有話直說，東西文化大不同 44

那一段不羈的追風歲月 47
活躍校園，難逃種族問題 50
轉學、換主修，都是為了愛 53
以交換學生回到出生地 56
重新適應故鄉的一切 59
資工到資訊，從機器到人 61

Part 2

人生勝利組——優異的工作表現

生命中的一切成就來得順遂而理所當然時，我們容易把一切歸功於自己的努力與才智，殊不知現在你之所以為你、我之所以為我的狀態，其實蒙受了多少恩典。若生命從來不曾發生轉折，我們也許就永遠沒有機會懂得這個簡單的道理了。

心靈滿足來自於「人」 64

Yahoo 新任務及挑戰 72
輕忽身體警訊，後悔莫及 76

Part 3

從極亮到全黑——生命遭逢巨變

我曾相信積極努力工作就能成就未來，實現人生價值，現在卻孤獨地品嘗著巨大的絕望，而我的人生不斷崩解，碎片一一落入無盡深淵。當人生在瞬間從耀眼的白晝進入無止盡的黑夜，不論甦醒或沉睡的時刻，黎明晨光、日落晚霞彷彿都與我無關；然而上天所給予的痛苦考驗也許是為了磨掉我的氣焰，讓我發現自己的另一面。

從堅持希望到墮入絕望 80
若藥是一把土，我也願意吃 84
能力被剝奪，性格大變 89
我的輕生與子姪的誕生 92
午夜時分，媽媽的啜泣聲 96

・媽媽，我愛妳 100
全家人無條件的愛 102
當愛情走到盡頭 106
愛的另一種轉化 114
遇見淑琪姐，心念轉彎 117
只失去視力，不是沒能力 122
她用生命告訴我的事 128

Part 4

歸零後重新出發——學習自理生活

我們對家人擁有最多的愛，卻也最少把愛說出口。我曾哭著向母親道歉：「對不起，我沒有把自己照顧好，變成大家的負擔。」不論我有多抱歉，事已至此，從今而後，「把自己照顧好」成了我的人生最重要的「KPI」。

室內定向是第一步 137
勇敢拿起白手杖，學走路 139
・跌倒，再爬起來就好了 142
・意料之外狀況特別多 146
・申請導盲犬的考量 149
獨立從一個人住開始 150
找回生活自主權 158
・靠聲音定位 158
・重學剪指甲 159
・辨識衣服顏色 160
・動手做料理 162
・繳納帳單、領薪水 164
奇妙的感官障礙覺 165

Part 5

看見視障者需求——那些不必放棄的事

每個人都是帶著使命來到人間的，無論他多麼平凡渺小，多麼微不足道，總有一個角落將他擱置，總有一個人需要他的存在。～林徽因

復學博士班，苦等一年 171

失去的是視力，而非知識能力 177

・招收障礙生的做法 180

求學有障礙，求職更困難 182

・災難新聞之後，難題真正開始 185

看不見仍然可以大聲唱 186

電影只能用看的？ 190

・培養口述影像人才 193

讓我聽見你的旅行 195

無心插柳的「墨鏡哥」粉絲頁 198

Part 6

有能力只是不太方便——積極貢獻專長

如果世界尚有應該做而未完成的事、應執行而未實現的理想，那就是我們有生之年的最大鞭策。在生命走到終點之前，所有人的時間都是借來的，唯有專心當下，盡己所能，才稱得上不愧此生。

婉拒 Google 到資策會 208
台灣視覺希望協會的成立 215
障礙者與非障礙者的對話與交流 218
跨部會整合推動無障礙化 220
醫療無障礙，藥品資訊數位化 223
適用全障別的環境及軟體 225
無障礙網頁與視障檢測員 229
視障帶來的生命啟示 234
附錄：視障相關社福機構 239

緣起——

每個人的生命都是一段獨一無二的旅程，也許所走的道路不同一方，可能選擇的發展不同一處，或許上天的考驗不同一般，因而你我身上所發生的故事亦各不相同。所幸，此刻我們得以在這本書裡以文字交集相會。

幸會了！我親愛的朋友！

謝謝你拿起並開始閱讀這本書。七年多之前，我和你一樣，認為用眼睛看書是再自然不過的一件事；然而現在的我，無法讀書，只能「聽書」。你想的沒錯！我的雙眼已經完全喪失視力了，後天失明與先天失明最大的差別，就是後天失明的人曾親眼見過這個世界的美麗、大自然萬變的驚奇、家人朋友的容顏……而這些美好的景致今後只能像被攝入鏡頭的照片般永遠停格在記憶的瞬間畫面了。

回溯失明的經過，彷彿是把癒合結痂的傷痕重新劃開，再度直視巨大的痛楚。猶豫了許久，我還是決定把親身經歷的人生故事透過口述方式，由採訪者一字一句如實地記錄下來，之所以這麼做，並不是為了博取大家的同情或憐憫，而是希望能有機會讓更多人理解視障者所面對的黑暗無光世界究竟是怎麼一回事，也希望你們閱讀了這本書之後，更了解障礙者日常生活及行動的不方便之處，一旦有機會在各種場合遇到他們或與他們相處時，願意友善地展現更多同理心。

看完電視新聞，你從客廳沙發上站起身，從右邊繞過前面的茶几，右轉、再左轉，走過房門進入房間，打開衣櫃拿件外套穿上，再轉身走到玄關處，拿出牽繩準備帶小狗出門散步……所有動作一氣呵成，這是明眼人熟悉的日常。

如果你願意試著體會一下視障者實際的生活狀況，請先閉上雙眼，然後走出你的房間到家裡的餐廳，為自己倒一杯水喝。我真的不希望這項體驗讓你受傷，因此請務必伸出你的雙手碰觸到家具或扶著牆壁慢慢行進，千萬別因心急或自認熟悉家中動線而貪快，若腳趾頭不小心踢到桌腳或書櫃，相信我，那是真的真的很疼的。

雖然對每個人來說，自己的家是再熟悉不過的場域，然而一旦少了視力的輔助，短短幾公尺的空間距離，都不見得能夠流暢無礙地行走；拿起茶壺卻不一定能將白開水輕鬆地倒入杯子裡；就算壺嘴順利對準了杯口，還是可能無法判斷究竟是倒了半杯水？還是已經溢出來了？

又或者你可以在無車人少的人行道邊或公園步道上，一樣閉上雙眼，憑直覺往前直走十公尺。自覺走了十公尺之後，請睜開眼睛看一看：偏離直行的路線有多遠？以及感覺已經走了十公尺，其實卻走不到一半的距離？

不論是從房間走到餐廳或在道路上行走，對看得見的人來說，是輕而易舉、稀鬆平常的事；但對視障者來說，方向感、距離感則是必須經過反覆訓練及練習，並牢牢記憶環境聲音等微小細節，才能擁有的基本生活能力。

失明後，日子還是一天一天二十四小時地過，現在的我已經可以獨自處理生活中的大小事，能做到這一切當然是因為我花了很長一段時間，逐一學會各種視障輔具的使用，也不斷透過親身嘗試，設法找出便利生活的各種技巧，才能完成以前我幾乎不花腦筋就能做到的每一件事。

你準備好了嗎？現在就讓我開始為你導覽我看不見的每一天。

看不見的每一天，生活仍要繼續

天空的藍天白雲看起來多舒坦，山坡上那片草地有多麼綠，一望無際的海水交雜著深藍色與墨綠色，海浪拍上岸邊是一片氣勢磅礴的白，這些繽紛的色彩在夢裡異常清晰；但一覺醒來，卻什麼都沒有，眼前一切都是黑的。

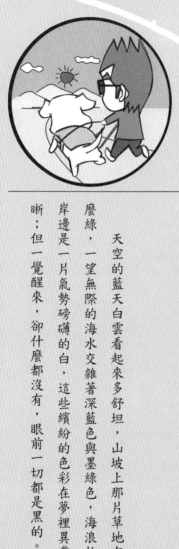

失落夢境之外，是不折不扣的真實

「叮鈴～～」早上七點，刺耳尖銳的鈴聲無情地打破了彩色溫暖的夢境，習慣性伸手探往響聲的方向，閉著眼四處胡亂碰了兩、三下才按掉鬧鐘開關。

賴床片刻，意識似醒未醒之間，我多麼希望失明只是昨夜的一場夢，希望張開眼睛之後，還能重新回到光亮繽紛的現實世界，但套句偶像劇的經典台詞，理智隨著大腦慢慢甦醒，心知肚明這一切都「回不去了」……

美夢不再，回到現實，起身盥洗吧！我一天的開始與一般人無異，但從臥房到浴室這一小段距離，我跌跌撞撞走了一年，才學會不撞到任何障礙物地順利行走，如果你此刻看到我在家裡不用依靠白手杖流暢走動的步伐，也許根本不會注意到我的雙眼完全看不見。

失去了視覺的輔助，即使只是刷牙、洗臉、刮鬍子這般簡單的動作，都必須一再嘗試練習，才有辦法做到熟練自如。先說刷牙吧！我得將漱口杯放置於水龍頭下方，將左手食指伸入杯口內緣，再伸出右手打開水龍頭，感覺杯中水位淹到食指時再關上水龍頭；接著將牙膏擠在左手食指上，感覺分量適中後直接把手上的牙膏塗在牙齒表面，再拿起牙刷開始刷牙。

現在即使是刮鬍子的動作也難不倒我了。失明以前，我通常使用刮鬍刀，面對著鏡子刮鬍子時，從鏡中可以清楚看到哪裡還沒刮乾淨；現在看不到自己的臉，因此得用左手碰觸臉頰，以觸感確認鬍子生長的範圍與長度，再以右手拿著電動刮鬍刀，順著臉部的肌肉線條，憑皮膚的感覺慢慢地刮，經過幾個月的練習後，動作已經很順暢了，而且新式電動刮鬍刀的功能很厲害，可以調整修剪的長度，刮出自己想要的造型。

透過這個摸索的過程，發現原來我的臉頰並非完全平整，而是有些凹凸不平的，以前天天照著鏡子完成刮鬍子、洗臉等動作，卻完全沒有注意到臉上的細部，反而是經由手的觸覺才一一發現五官的細微特徵。

換句話說，看不見之後，反而讓我更加熟悉自己的長相了。

穿給別人看，也要當型男

「帥氣，可以是選擇，卻是我的堅持。」外表固然不完全代表一個人的內在涵養與知識能力，但我還是喜歡把自己打理得有型有款。（姑且稱為墨鏡哥的形象包袱吧！哈～）

多數人可能認為視障者無法自主選擇衣服款式或依個人喜好穿搭，其實衣服的款式、質料不難透過觸摸來辨別，是上衣還是褲子、是毛衣還是襯衫，一摸就能分辨；衣服顏色則可以利用標籤做記號來區分，例如剪下白色衣物的標籤左下角做為標記，黑色衣物則固定剪下標籤右下角等，如此一來只要摸到標籤的缺角在哪一邊，就能知道手上這件是什麼顏色的衣服。

洗衣服時，我盡量一次只洗同一種顏色的衣物，收納時比較好整理。

如果有足夠的衣櫃收納空間，也可以按照衣服顏色深淺排列，端看每個人的需求與習慣選擇最適合的方式。

千元鈔比百元鈔大多少？

購物、搭車、吃東西，每一個消費後的付現幾乎是許多人每天都會做的動作。白花花的鈔票一般人只要看數字或顏色即可知道面額，但你們曉得視障人士平常是如何買東西、如何付錢的嗎？

如果早晨時間充裕，我通常會在家吃完早餐才出門上班；偶爾來不及的話，也會選擇到早餐店買餐點，光顧住家或工作地點附近熟識的店家時，店裡的人會主動打招呼問我想今天吃什麼；如果是第一次光顧的早餐店，我會請店家的人幫忙介紹有哪些餐點可以選擇，有時他們做餐正忙得不可開交，在一旁等待的客人大多也很樂意幫忙介紹有哪些好吃的。

我曾遇過一位熱心的客人，他發現了我的視力不方便，就直接熱情地大力推薦：「這種〇〇三明治很好吃喔！你就吃這個就對了。」視障者生活中雖然會遇到許多不方便之處，但只要勇於開口尋求協助，我相信大部分的人都是很樂意幫忙的。「台灣最美的風景是人」，雖然講這句話的人有些出於真心，有些基於反諷，但就我自己遇到素昧平生的陌生人當中，願意伸出援手的人還是占了大多數。

我也常到住家附近的水果攤買水果。記得第一次去光顧的時候，老闆很貼心地把我買的火龍果削好皮；我回家後發現提袋裡多了一瓶果汁，特地再回去問老闆是不是放錯了，老闆說開業三十多年，我是第一個視障客人，所以送我一瓶果汁；儘管我表示願意付錢買，老闆還是堅持要我收下，因為他的熱心與善意，讓我從此由一般顧客變成了常客，三不五時就會去光顧。

買了東西是要付錢的，視障者怎麼付錢呢？鈔票的紙張摸起來不是都一樣，要怎麼分辨呢？以台灣目前常使用的一千元、五百元與一百元紙鈔為例，如果將這三種紙鈔疊放在一起比較，就會發現紙鈔面額愈大，長度愈長，一千元紙鈔比百元鈔約長一・五公分。明眼人或許不會注意到這麼微小的差距，但小小的一・五公分則足以讓視障者分辨鈔票面值。不過五百元紙鈔的長度和其他兩種的差距較小，為了避免出錯，我通常只使用千元鈔與百元鈔；遇到店員找錢，我也會請對方全部換成百元紙鈔。

硬幣有大小之分，比較不容易出錯。雖然五十元硬幣和十元硬幣的大小差不多，不過五十元硬幣背面有加上圓形打凸的防偽標誌，可以摸得出來，實際上並不難分辨。我常想如果手摸的技術練得再厲害一點，或許就可以去打麻將了，一定很會摸牌！（笑）

靠招蜂引蝶搭公車

大眾運輸系統是視障者日常外出移動時經常使用的交通工具，儘管目前台北地區已有許多公車站設置了ＬＥＤ智慧型站牌，告知各線公車的預計到站時間，對一般人判斷要搭乘的公車是否即將到站是很方便的資訊，但視障者卻無法享用這項便利的服務，為什麼呢？沒有語音播報服務啊！

那麼視障者該如何搭乘特定路線的公車呢？其實不難，只要靠「招蜂引蝶」就行了。好奇這是什麼方式嗎？讓我來慢慢告訴你吧！

我的上班通勤方式是搭捷運再轉公車，搭乘捷運的困難度不大，站務人員或清潔人員、志工會很熱心地直接帶領視障者到月台候車。出了捷運站，走到公車站牌等公車，這時我會從背包中拿出事先準備好的紙牌，上面寫著我要搭的公車路線號碼，通常公車司機看到我，就會直接把車子停到我的正前方，方便我上車。如果手邊沒有牌子時，也不妨直接大聲講出：「我要搭○○號公車，請問公車來了嗎？」若旁邊有人要搭同一班公車，大多會主動過來詢問我是否要一同上車，這招可以稱為「招蜂引蝶」或「呼朋引伴」。

如果是臉皮較薄的人，可能會不好意思開口大聲求助，這時智慧型手機上有個名為「台北等公車」的APP就派上用場了，只要啟動語音，系統會自動提醒公車到站時間，等到公車快進站前，再拿起牌子引起司機的注意；不過這個APP軟體僅限於台北地區使用，在其他縣市時，就需要勇敢直接開口請人協助了。

視障朋友千萬不要害怕或羞於表達自己的需求，一般人是「不知道」而不是「不願意」提供幫助，因為不知道該如何幫忙而沒有採取行動，通常只要我大聲說出需求，身邊總是不乏樂於伸出援手的好心人。

大多數台灣人真的非常友善、熱情，在路上看見任何人不小心跌倒了，一定會有人出手扶一把。我拿著白手杖走在台北街頭時，經常遇到路人主動前來詢問是否需要引導或幫助；而我之前在美國念書、生活那麼長一段時間，卻幾乎沒有在校園內或路上看到有人拿著白手杖行走；照理說，在美國的社會福利制度下，視障者應該可以獲得很好的照顧，但為何我的印象中鮮少看到視障者的身影呢？也許是當時我根本不曾將目光停駐在這群人身上，更遑論去了解他們的需求了。「將心比心」的道理，似乎人人都懂，然而只有真正願意「設身處地」，才能明白如何以更實際的方式提供障礙者所需的協助。

專業有自信，身段更柔軟

一天的生活進行到現在，總算進到公司開始上班了。你們可能很想知道，眼睛看不見的人要如何處理工作上的大小事務？如何查看電子信箱裡的郵件？如何與同事開會或討論事情？可別誤會墨鏡哥只要負責動口下指令，而由助理或同事幫忙完成所有的工作喔！

早上踏進辦公室後，我所做的第一件事和多數上班族一樣，先聽一聽email信箱裡的郵件訊息，確認是否有要事必須立即回覆或當場處理，隨後才開始這一天的工作行程。

我目前服務於資策會創新應用服務研究所，主要的工作內容是協助企業運用科技提升服務價值，以及協助開發關懷系列軟體，服務障礙者、老年人或功能不便的使用者。

為何我們把老年人也納入關懷軟體的使用者範圍呢？台灣正快速邁入老年化社會，未來的老年人口數將會逐年大幅攀升，而老化不可避免地會帶來視力、體力、行動能力的退化，因此建置一套完善又友善的應用軟體，可以同時協助障礙者及老年人改善生活品質，是我們工作及努力的目標。

因工作需要而外出洽公或開會時，首次接觸的客戶見到我的第一眼大多是驚訝，他們心裡的即時ＯＳ應是：「資策會怎麼派一個看不見的人來和我們開會？是開玩笑嗎？」甚至連帶對我的能力打上問號。當對方進一步了解我的專業背景及聽過會議的說明後，對我的工作表現往往當場從懷疑變成肯定，最後雙方的合作更會形成高度的信賴感。

未失去視力之前，在 Yahoo 奇摩或台積電工作期間，我一向對自己的專業能力相當有自信，因此面對客戶時，有時不免會不自覺地表現出強勢的態度。而經歷失明的痛苦讓我在面對他人不夠專業的部分，願意展現更多同理心與包容力；因此對客戶進行報告時，通常會假設對方對合作項目的專業領域完全不了解，盡量用淺顯易懂的方式說明，想辦法說到讓對方明白，而不是自顧自地說出一大堆艱深的名詞來顯現專業程度。

這幾年來在工作上，我花了不少時間在與人溝通，力求兼顧專業與友善，而不是只追求工作效率而急切地丟給客戶冷冰冰的數字與難消化的專業用語。我之所以會改變做事的態度，正是因為自己成為視障者之後，深刻體認到以往不經意忽略的友善態度有多重要，希望這個社會能有更多同理心，提供友善的環境來對待障礙者或不方便的人，而不是認為障礙者屬於社會少數族群，就輕易遺忘他們的存在或忽略他們的需求。

放輕鬆好好吃飯

餓了要吃東西是人類的本能，在飲食文化日益精緻的現代，美食講究色、香、味，幸好我還能品味飲食中的後面兩者。「不看失去的，只看擁有的」雖是老生常談的一句話，但對視障者而言，可是一大段血淚交織的心路歷程換來的真實體悟。

下班後，我喜歡找三五好友一起到餐廳吃飯，也很歡迎他們帶來新朋友。平常沒機會與視障者接觸的人，大多很難想像我們如何用餐，因此只要有機會，我很樂意親自示範「吃飯給別人看」。若能多一個人了解視障者在餐桌上如何用餐，也許就多一個人有同理心，與視障朋友同桌共食時，能懂得如何幫助和我一樣的人。

視障者用餐時，首先要建立自己的心理地圖，例如，中式合菜可以用時鐘定位法，邊用筷子敲盤子邊緣，請朋友告知是哪一道菜餚，並記住每道菜與自己相對應的時鐘方向及位置，但這個方法不適用於裝設了中央轉盤的餐桌，道理很簡單，因為菜餚的位置會隨著轉盤移動，原先三點鐘方向的一道菜，轉啊繞的，下一秒就跑到十二點鐘方向去了，時鐘定位法在轉盤上完全失靈。那怎麼辦呢？別太擔心！畢竟嘴巴除了用來吃飯以外，還是可以開口用問的嘛！吃個飯，放輕鬆就好。

而個人食器則盡量使用碗，避免用淺盤子，因為碗有一定的深度，方便夾菜進去，而且食物不容易掉得滿桌子到處都是。視障者雖不至於像拿不穩餐具的幼兒般，吃頓飯搞得一片狼籍，但因烹調料理菜色時，食材通常會切成較小體積以方便入口，有時我們伸出筷子只夾到食物的一小角，難免不小心掉落，這時只好請同桌吃飯的朋友多多包涵囉！

我的生活看似與一般上班族無異，視障者或其他障礙族群其實和一般人過日子的方式並沒有太大不同，只是我們比較不方便而已；但隨著年齡逐漸老化，每個人其實都有可能會慢慢在生活上遭遇一些不方便。例如，年紀大了以後，眼睛視力看不清楚、耳朵聽力不靈敏、行走腳步不敏捷，這都是廣義的障礙，也是我近年來努力宣導及推廣無障礙社會的原因，不只是為了我們這些視障或身障、身心障族群，也是為了即將步入高齡化的台灣社會預作綢繆。

Part 1

在移動中成長——求學之路平順

相較於那些歷盡滄桑而淬鍊出堅毅魂魄的人，我必須承認自己的成長經歷可算是較平順的。少年時期的「遷徙」與「移動」或許帶來些許不安穩、不安定，但也因此給了我此生最重要的禮物之一——獨立性格。

我是在台灣出生的，因父母經商工作的緣故，小學畢業後就開始隨著家人輾轉在亞洲各地居住及就學。尤其是國中時期，簡直可說是「顛沛流離」的求學階段，三年的課程輪流在香港、馬來西亞以及新加坡完成，幾乎是在一個地方念完一學期，下學期就得轉到另一個國家的學校就讀。

移居各國的成長過程，也許有人認為是非常難得的體驗，可能也會有人覺得夢寐以求，但正值青春期的我卻對這種漂泊不定的生活感到很沒安全感。

從來不曾有過同學會

在新加坡念國中一年級時，同班有位來自韓國的同學，名叫鄭文植。那時我剛從台灣移居到新加坡，英文不太流利，我們這一群外國同學總喜歡聚在一起，雖然語言不太通，但用比手畫腳也能溝通。文植的年紀比我大三、四歲，在學校很照顧我，在朋友少得可憐的青春期，他是比較談得來的朋友之一。

每學期上課四、五個月，好不容易在學校遇到幾位合得來的好朋友，還沒機會累積彼此的青春回憶，就到了不得不分道揚鑣的時刻。我多麼希望在年少時期能有長一點的時間和好朋友們相處往來，甚至可以成為彼此一輩子相挺的好哥兒們。

可惜的是，這個願望最後還是沒能實現。我的小學同學在台灣，國中同學則分居在亞洲各地，多數人在從學校畢業後會以召開同學會的形式連繫友誼，而我卻從來沒有機會參加任何一場同學會。

或許是我和文植比較有緣，在美國加州念大學時，我竟然在當地的韓國城遇到他！他的長相一點都沒有變，只是臉上多了鬍渣，像個成熟男人。隔了這麼多年再重逢，我們兩個都掩藏不住興奮之情，一有時間就相約見面聚會。聊天時，我提到後來有回去新加坡，不過卻找不到他了；原來國中畢業之後，他就回韓國繼續念高中了，高中畢業先去當兵，退伍後才到美國念大學。

我一直把文植當成大哥一樣看待，不論在新加坡或美國。可惜回到台灣之後，我們又再度失去聯繫了，儘管曾試著透過網路，但不論是facebook或twitter都搜尋不到他，唯一一位國中的好友又像風箏一樣斷了線。

我從小到大念了好幾所學校，若說學生生活最大的遺憾是什麼？應該就是從國小到大學都沒辦法和同一群朋友長久交往。我從交大研究所同學的口中得知許多人是從國小到高中一路都在居住縣市內就學，一起長大的同學之間感情相當深厚，而我的人生裡少了這樣一群同學，而且不再有機會從頭來過。

有話直說，東西文化大不同

國中畢業後，我沒想太多就決定跟著大哥一起前往美國求學，期盼能從此固定居住在一個地方。我的父母大概也了解如果讓我繼續留在他們身邊，勢必還是一樣得在各地東奔西跑，再加上我已經十五歲了，大到能夠照顧自己了，他們思慮再三，終於還是答應讓我去美國讀高中了。

從亞洲到美洲，雖然實際上只有十幾小時的飛行距離，但從未長期離開家的我對於未知的新生活，有熱切期待，也有惶惑不安。慶幸的是，我從小就讀的都是國際學校，至少在英語能力方面，不至於遇到太大的困難。

我們兄弟倆帶著新奇又忐忑的心情抵達洛杉磯，一踏出機場就看見父母事先聯絡的堂哥、堂嫂前來接機。當地的夏天氣溫高、室外十分炎熱，我們坐進堂哥的汽車後座，不消十分鐘就熱得全身直冒汗，正想著為什麼車內不開冷氣呢？探頭往駕駛座一瞧，才發現冷氣口正直吹著前座。

開車的堂哥從後照鏡看見我們兩個滿頭大汗，以完全不帶情緒的語氣說了句：「如果你們不主動開口表示會熱，我絕對不會開冷氣給你們吹！」

初來乍到立刻感受到東西方文化差異的衝擊。以往坐在爸媽或親戚開的車內時，他們大多會親切地詢問：「後座會不會太熱？要不要開冷氣？」當下我忍不住想到底是堂哥的個性實在太不近人情了？還是他們移居美國十多年，已經忘了身為台灣人的熱情？

但在美國真正生活了一段時間之後，才發現這是美國人慣常的思維模式與行事方式，他們不是故意或小氣而不給我們吹冷氣，而是認為每個人都要懂得明確地表達自己的需求，因為別人不是你肚子裡的蛔蟲，話不說出口，沒人知道你要什麼或不要什麼。

在西方國家裡，每個人都很獨立自主，不會一天到晚有個人像保母一樣，頻頻對你噓寒問暖，或關照三餐吃飯了沒，旁人頂多提供一些生活相關資訊，其餘的一切都得靠自己打理。在這樣的情況下，自然要更快地學習獨立生活與適應美國的環境。

我本身獨立性格的養成也許和排行有關，三兄弟中我排行老二，大哥是長孫，爺爺、奶奶疼愛有加；弟弟是么兒，備受爸爸、媽媽呵護，而我正處於中間比較容易被忽略的那一個孩子，因此從小凡事總是力求表現、愛出鋒頭，想對周遭人證明自己的能力不輸給任何人，長期以往養成了不服輸的好勝心。

那一段不羈的追風歲月

考駕照就是一例。在美國，如果沒有開車，不論是上下課或日常生活採買等大小事都很不方便，再加上看到學校裡有些同學自己開車上學，儼然一副成熟大人的模樣，著實讓我心生羨慕。於是甫滿十六歲時，就迫不及待地在親友的監護下，順利地考取汽車駕照。隨後立即買了輛車，有了行動力的同時，也自覺較有自主能力了，不久就搬離和哥哥同住的房子，到學校附近另租房子自己住。

有了自己的車子之後，開始有人邀我加入車隊，一群喜歡汽車的年輕人一起研究如何改裝汽車，也一起開車外出兜風，但這些活動每一樣都需要花錢，而高中生的經濟能力畢竟沒有多好，我又不可能毫無限制地頻繁向爸媽要零用錢；再加上未成年學生身分有打工的限制規定，只好私底下打黑工，當時專找有小費的工作，例如到餐廳當服務生，可以增加額外收入。當時在洛杉磯的華人學生較少，在中式餐廳打工的競爭沒那麼激烈。而我當時打工賺的錢，大部分都花費在車子上，難怪許多人說：「養一輛車就多了一個錢坑。」這句話還真是一點都沒錯！

有一次開車回家在社區路上和另一輛車交會，兩輛車的車尾不小心擦撞到，對方駕駛氣急敗壞地下車，隨即一把揪住我的領口，指著我的鼻子破口大罵，一開始他用英語飆罵，後來開始出現一連串的韓語，我聽不懂韓語，但從語氣中不難聽出他的憤怒，而我一個人感到勢單力薄，馬上想到打電話給車隊老大，結果十分鐘不到，現場立刻湧入三十多輛車，那位韓國人一看苗頭不太對，悻悻然離去，年輕的我頓時覺得有身邊有一大群死黨相挺真好。

別誤會！我們的車隊可不是成天惹是生非、打架鬧事的飆車族，而是一群純粹喜歡研究改裝技術和開車兜風的年輕人，當時我們的生活中沒有太多娛樂，偶爾三更半夜開車到 Santa Monica 等著看日出，或是到各處野餐，都是很健康的休閒活動。

不過參加車隊的第二年，有次我們一夥人開車在高速公路上行駛，也許是成群結隊的模樣容易讓人誤解為囂張，另一組越南車隊的人開槍打了我們領頭的那輛車，造成直接撞上路肩護欄的車禍，我想想這樣下去實在太過危險，為了避免日後發生不必要的衝突與意外，索性就退出車隊了。

年輕氣盛的歲月裡，不論做任何事或參加活動，我都把人身安危視為最重要的底線，生命雖是我自己的，但為了真心在乎我的家人注意自身安全、健康，避免讓他們擔憂，是至少應該做到的。

活躍校園，難逃種族問題

在高中校園內，我算是活躍分子，因國中時期就讀各地的國際學校，英語的聽和說沒有任何障礙，在半推半就之下，被推舉為國際學生會長。我的個性向來就是愛表現、又叛逆，總喜歡挑戰沒做過的事，因此擔任會長期間主動辦了不少活動，除了促進文化交流外，也辦了許多聯誼活動讓國際學生更能融入當地環境。有次我安排一群國際學生到二戰紀念館參訪，有幾位日本同學看到戰爭時的紀錄照片，不禁潸然淚下，我也忍不住感到一陣鼻酸。

當時我們學校裡亞洲學生人數不多，難免會遇到種族歧視的問題，我自己也遇過一次。當時走在學校語言中心附近的人行道上，一輛車突然從後面撞上我，我被撞得撲倒在地，幸好車速不快，只有四肢手腳受了點皮肉傷。我轉過頭一看，駕駛座上是個白人學生，他帶著不屑的口吻對我叫囂：「現在知道誰是老大了吧？快滾回去！」

另外，在課堂上，亞洲學生總喜歡呼朋引伴修同一門課，認為可以相互照應，比較有安全感。而授課老師常因為發不出華人名字的拼音，甚至會直接點名說：「班上有幾個Chen（陳）？請舉手。」也有些老師會先入為主地認為亞洲學生的學習程度較差，期末考時，可能會在幾個陳姓同學當中選一個當掉。

我念書那個年代的美國時常有這種不公平的事情發生，但亞洲學生一般不太懂得爭取自身的權益，只好摸摸鼻子認了。雖然我的在學成績一直維持在前段，但仍覺得老師的評分方式有所不公。甚至有老師和其他學生用正常速度說話，對我講話時，就像慢速播音般自動放～慢～速～度～，我也只能苦笑地向老師解釋自己聽得懂，請他不必刻意放慢說話速度，否則我總覺得自己就像正在聽一台老舊收音機傳出的聲音。

這些都是認知差異造成的隔閡與誤解，西方國家的老師及同學對東方學生認識及了解不深，難免根據刻板印象對待大多數的亞洲學生，而每個亞洲學生的狀況都不一樣，若一味排擠或歧視，他們又該如何更順利地融入美國社會生活呢？

另一個較明顯的差異處是在亞洲學校各學級的同學年齡層相仿，亦即一般學生大多按照教育學制按部就班地升學，完成學業後才正式進入社會；而美國學校的情況就不太一樣了，以我念的大學為例，班上至少有三成左右不是相近年齡的學生，不少人是高中畢業後出社會一段時間，因工作需要學歷或專業知識，或是當初家庭經濟負擔不起念大學的費用，只好先工作存夠了學費之後，才申請進入大學就讀。

例如，我們班上有位年長的女同學，看起來年紀和我媽媽差不多，經常拖著一只行李箱來上課，從聊天中得知她的四個孩子都已成家立業，而丈夫過世了，閒居無事所以想重拾書本；還有一位單親媽媽為了想找好一點的工作，所以回學校充實自己。

我曾誤解這些年長同學只是想混個學位，後來才發現，事實上他們很清楚自己要的東西是什麼，會精準地把生活和念書時間安排妥當，上課準時出現，下課就走人，反觀我們這些應屆學生才是經常把時間浪費在玩樂上的。

轉學、換主修，都是為了愛

情竇初開的年紀，我當然也順理成章地交了個女朋友小雞，對交往中的男孩子來說，愛情的影響力不容小覷，當時為了和她讀同一所大學，爭取多一點相處交往時間，我決定從加州大學爾灣分校轉學到河濱分校。

而美國大學的大一、大二課程是不分專業科系的，主要是希望讓剛入學的新生經由廣泛選修各種通識課程，從中找出自己真正感興趣的主修項目；這和台灣進大學先經過升學考試，再根據分數選填科系志願，然後錄取分發，隨即決定主修科系的教育制度不同。

甫進入大學時，我原本對生物學有濃厚的興趣，打算朝向生物科系專攻，但隨著課堂上解剖的動物體積愈來愈大隻，我的學習意願卻相對愈來愈低落，最後因一堂讓我印象深刻的動物解剖課直接促成了轉換攻讀科系的決定。

那一天上課，生物老師正帶著全班同學仔細地解剖一匹馬，當手術刀逐層劃開馬屍的皮膚及肌肉後，突然之間，老師講解的語氣像是發現了新大陸般興奮高亢。

「大家快看，這匹馬的肚子裡居然有一隻 baby 呢！」

或許對研究生物的人而言，發現被解剖的動物體內孕育著另一個小生命是很新鮮有趣的現象，甚至稱得上是意外的驚喜；但我看著眼前這個未出生即殞落的生命體，內心卻無法抑遏地產生一股濃重的哀傷感，自忖永遠無法對類似這一幕做到無動於衷的狀態，察覺自己並不適合走上生物研究這條路線。

而當時大學的熱門科系之一是電腦程式設計，因網路科技蓬勃發展，相關領域人才需求量大增，學生在畢業後大多能有較好的工作發展機會，於是當下決定轉換攻讀跑道，改讀資訊工程科系。

我覺得修資訊工程有機會接觸一些新領域的東西，加上本身數理程度不差，應該不難適應資訊工程的各門課程。從最基礎的 LC2、VHDL（超高速積體電路硬體描述語言）程式語言學起，到後期的 C++ 等，慢慢念出了興趣。

我的個性有一環是和邏輯推理很相似的嚴謹性，原本沒有察覺，直到上演算法課程才發現。演算法的學習目的是希望學生寫程式之前學會如何有邏輯地安排先後順序，確認好每一步動作與層級。first in, first out（先進去的，先出來）與分類排序是最重要的兩個觀念。

強化邏輯性確實是我未進入專業領域前比較缺乏的，以前寫文章常常是靈光一閃，想到什麼寫什麼，文章不容易聚焦；後來我體悟到如果想準確地告訴讀者什麼事情，必須有邏輯地安排每個段落內容，這個點要哭，這個點該笑，這些鋪陳很類似演算法的概念。根據我自己觀察，透過有邏輯的寫法，點閱率與分享都會比較高。

以交換學生回到出生地

從高中赴美到念完大學，理所當然地認為自己將會從此定居美國，完成學業，進而謀職工作、成家立業，然而或許是我生命中遷徙的動因尚未了結，也可能是我和台灣的緣分未盡，睽違長達十年，我又回到了台灣。

從資訊工程系順利畢業後，我決定繼續攻讀碩士班。當時加州大學和台灣的交通大學有學術合作關係，雙方都提供了對校交換學生的申請名額。

我媽媽在得知這個消息的第一時間，立刻打電話問我要不要回台灣念交大研究所，她希望我可以在台灣念書至少住上一年。畢竟這些年來，我們一家人分居各地，聚少離多，唯有逢年過節才得以團圓，好好見上一面、吃幾頓飯，平時我只能靠著越洋電話與爸媽、弟弟聯絡感情。媽媽嘴巴上雖然沒明說，但我知道她心裡非常想念我們兩兄弟（其實我在美國也很想念她），希望盡量爭取機會讓孩子們回到她身邊，即使只有短短的一年時間也好。

坦白說，當時我的社交圈朋友都在美國，而且我習慣了加州的生活方式，加上女友小雞一家人都住在加州，因此赴美以來一直都有長期定居的打算；再加上長年在國外生活幾乎沒有使用中文的機會，因此中文能力退化了不少，自然而然不會想回台灣居住。

我們家三個兄弟之中，我原是唯一一個完全沒考慮要回台灣發展的。

我大哥在美國讀完大學後，就選擇回台灣工作了；弟弟仲瑜國中畢業、準備讀高中時，也曾追隨兩個哥哥的腳步到美國就學，卻因不太適應美國的生活習慣，幾個月後當機立斷決定回馬來西亞念高中，中學時期的他非常熱衷參加學校的熱音社團，一度因此荒廢了課業，惹得爸媽十分不高興。最後媽媽想出了一招對治辦法，宣布只要仲瑜考上大學第一志願，就不再反對及阻止他玩音樂，對某一件事情的渴望會成為最大的努力動機，結果他真的順利考取台大法律系。

仲瑜大學畢業後，隨即選擇到馬來西亞的外商公司工作，經常在星、馬兩地奔波往返，不過至少他的生活範圍還是在亞洲。而我和大哥、仲瑜的情況卻很不一樣，媽媽可能有感覺如果再不設法把我拉回台灣，我應該就會直接留在美國不回來了。

經過再三考慮，我最後決定順著媽媽的心意，提出交換學生的申請，單純地認為只要回來一年，陪陪家人、看看出生地。身邊的朋友對我要回台灣當交換學生大多覺得很不可思議，當然也包括我的女朋友小雞，當時只好婉言地安慰她：「妳放心，一年後我就會回美國了。」

「停留是剎那，轉身是天涯。」相識交往十年，我和小雞都沒料想到因著這個決定，最後卻拉開了我們的緣分與距離。

重新適應故鄉的一切

一九八七年，我離開台灣時，台北還沒有捷運、歌手薛岳仍在電視螢幕裡高唱：「如果還有明天……」，這些留存在腦海裡印象深刻的畫面，如今何在？

從亞洲到美國讀高中，經歷了一次文化衝擊；此刻從加州回到台北，又是另一次文化衝擊。成長期的十年之間，連續經歷兩次東西方文化差異的適應，我想這樣特殊的生命經驗應該是一般人少有的吧！

二〇〇二年，我終於回到台灣了，不過只在台北短暫停留了幾天，就直接帶著全部行李到新竹交大研究所報到了。剛開始上課時，與台灣同學的相處有些隔閡感，反而比較常和國際學生一起行動；再加上我的中文語法或用字用詞常常出錯，回答問題時鬧出不少笑話。經過一段時間，慢慢和班上的同學混熟後，才深刻地感受到台灣人待人的熱情與魅力。

在美國，除非是很要好的朋友，不然人與人之間會保持一定距離；

但在台灣，人與人之間的往來是很親密的，甚至可說是友善到有些難以招架了。譬如，同學們平日會吆喝一起吃飯、夜遊、唱歌，假日出外旅遊回來，總不忘帶些伴手禮和大家分享，這種親密互動的方式是我在美國從來沒有體會過的。

幸好因成長期頻繁遷徙的經歷，我早已習慣去適應各個地方、各種人的生活方式及日常習慣，大約半年後，我就順利融入交大的環境裡了，同學們也不再將我視為香蕉型（外黃內白）外國人了。

每當我的生活開始漸入佳境時，老天就開始給我出考題了。也許這是祂的伏筆，只是此時的我並沒看懂其中的深意。

碩一下學期，我突然收到加州大學寄來的通知信，告知雙方學校的學術研究交流已停止，因此加大無法承認我這一年在交大研究所修習的課程學分。信上同時要我決定是否留在交大完成學位，或是回加州大學重新申請碩士班入學。為了不浪費一年的學習課程，我決定繼續在交大把碩士學位讀完，人生計畫總是趕不上環境變化，沒想到原設定回台的一年，至今竟已過了十四個年頭。

資工到資訊，從機器轉向人

在加州大學，我念的是資訊工程系；在交通大學，我讀的是資訊管理研究所。資訊工程主要是針對機器系統，也就是程式設計師以程式語言輸入指令，讓機器依令執行作業，然後驗證結果；而資訊管理所處理的是利用程式有效地蒐集、歸納及運用資訊，讓這些資訊為使用者提供服務，資工系和資管系其實有一部分所學是相關的。

從為機器效能寫程式到為使用者需求寫程式，似乎與我未來的工作轉向不謀而合。

我在台積電主要負責自動化流程，工作是透用線上指令派工給現場作業人員，績效要求的是如何縮短作業時間，提高生產效能，雖然生產線的作業人員會接收我透過系統下的指令，但我坐在電腦主機前，完全感受不到現場的實際狀況。如果我的程式指令設定得不夠好，整個作業流程會變慢，就會收到現場的反饋，我必須進一步和作業人員溝通找出問題點；代工重視的是良率，看的只是效能數字，卻沒有想到數字背後其實是一個一個的人。我要了解現場的狀況，了解需求是什麼，而不是只求讓流程愈短愈好，在這裡學到最重要的一課是真正認識與人互動的重要性。

轉任奇摩工作後，我必須更重視使用者經驗、服務情境的設定、符合需求的產品設計，並將這些資料解讀成資訊，更有效地再利用以改善後台設定。我開始運用資管所學的方法，而且愈來愈喜歡朝著與人產生互動性的方向靠近。

如果單純做資工，就是重視開發；做資管則可以看到使用者的互動性，再進一步反饋到前端的開發設計。在奇摩，多數產品都直接連結到服務與使用設計面，隨著接觸層面愈來愈廣，我看清了自己真正喜歡做的還是和人有關的事。

Part 2

人生勝利組——優異的工作表現

生命中的一切成就來得順遂而理所當然時，我們容易把一切歸功於自己的努力與才智，殊不知現在你之所以為你、我之所以為我的狀態，其實蒙受了多少恩典。若生命從來不曾發生轉折，我們也許就永遠沒有機會懂得這個簡單的道理了。

交通大學因校區距離新竹科學園區不遠，加上專業科系的課程所學大多符合業界人才需求，畢業前總會有許多科技公司陸續到學校進行徵才活動。

碩二下學期時，我在學長姐的介紹下，前往幾家公司求職面試，最後順利進入半導體製造業的龍頭企業——台積電公司。我在台積電的工作是負責系統自動化，規劃如何節省人力，並提升產品良率。一開始進入就業市場時，雖然沒打算一輩子留在台灣工作，但考慮到半導體產業是先前較少接觸到的產業領域，有機會嘗試並累積工作經驗，對我而言也是好事。

心靈滿足來自於「人」

初進台積電時，公司安排了一連串的員工訓練，等到逐漸熟悉上手之後，上班變成例行性工作，在龐大的公司組織體系下，我開始感覺自己像是大機器裡的一顆小螺絲釘似的，無足輕重。

每天進公司上班八、九個小時的時間，整天面對的只有少數幾位同事和電腦；再加上除了在交大研究所念書的兩年之外，我大部分的生活經驗都在國外，和同事之間沒什麼共同的生活話題或成長經驗可聊，比如，男同事之間談的是公司分紅、股價和買房等經濟話題，而已婚的女同事則大多處於新手媽媽的人生階段，經常分享的是彼此的育兒經驗。

而我是個甫碩士畢業的新進菜鳥，既沒分紅福利、也不投資買賣股票，更沒有置產買房的打算，在工作場所裡和其他人相處顯得格格不入。當時內心感覺有點空虛，原以為自己的工作應該可以對更多人有幫助，結果卻只是整天埋首確認機台的運作，我不斷思索自己還可以做些什麼來滿足心靈的需求。

當時所謂的「企業社會責任」一詞尚未普及，但企業規模發展愈大，確實應該承擔更多的社會責任。除了照顧員工之外，台積電還希望可以積極回饋社會，而且是能夠鼓勵員工親自參與的公益活動；後來台積電和《天下雜誌》合作，發起「希望閱讀計畫」，讓台積電員工組隊定期到偏鄉學校，為原住民或弱勢學童伴讀。得知這個合作計畫後，我迫不及待地搶先報名參加新成立的志工社團。

我在美國念書時，經常主動到教會幫忙，不論是舉辦義賣活動或是參加社區服務；在交大念碩士班時，也積極參與服務性社團活動。我參加了國際學生大使（SAA）團隊，專門為校內的外籍生提供服務與諮詢。交大與很多國外大學簽訂姐妹校合作計畫，每學期都有來自北美或歐洲各國的交換學生，與僑生不同的是這些外籍生大多沒有亞洲背景，語言溝通常是最大的障礙之一，異國文化的隔閡往往也使他們不太容易融入台灣的生活。

我自小在國外成長，深刻體會在異鄉求學及生活的難處，特別是在美國念書時，人生地不熟再加上文化衝擊，一開始真的有種難以融入人群的孤獨感。有鑑於自身擁有跨文化的特殊經歷，我在美國時曾參加國際學生會，照顧赴美留學的台灣學生；在交大則照顧歐美各國來台念書的外籍學生。

樂於服務人群的特質與其說來自個人的天性，不如說是來自我媽媽的遺傳及影響。

我媽媽是虔誠的佛教徒，經常參加佛光山或慈濟舉辦的慈善活動，每當她邀我陪她參加這些活動時，只要時間允許，我都非常樂意一起去共襄盛舉。

達賴喇嘛曾說：「這個世界並不需要更多成功的人，但是迫切需要各式各樣能夠帶來和平的人、能夠療癒的人、能夠修復的人、會說故事的人，還有懂愛的人。」

參加了台積電的志工社團後，我被安排到新竹縣尖石鄉的錦屏國小伴讀，雖然新竹還有其他偏鄉學校，但我希望能在同一所學校裡深耕，所以一直留在錦屏國小服務。我們並非專業授課老師，主要目的是陪伴孩子們讀書，而不是課業輔導或補習。透過伴讀，希望讓小朋友養成主動透過閱讀求知的習慣，並建立彼此的信任關係與信賴感。

雖然我對於能加入希望伴讀計畫感到非常興奮，不過我以往的服務對象大多是同年齡層的年輕人，沒有接觸過年幼的學童。第一次到錦屏國小擔任志工時，坦白說，心裡還真是有點忐忑不安。

「萬一小朋友們一直吵吵鬧鬧，要如何控制場面？我講完故事，若是他們都沒反應怎麼辦？萬一他們太吵，我會不會忍不住大聲喝斥？」一大堆問號陸續從腦子裡不斷冒出來。

我們是伴讀活動的第一屆志工，沒有前人經驗可以傳承，幸好《天下雜誌》在行前召集了大家，傳授對小朋友講故事的技巧、如何吸引學生的注意力等；但實際進到教室，還是受到一些震撼。班上導師先向學生介紹我，他們也很有禮貌地打招呼，不過就在我開始講故事後，小朋友眼見導師離開教室了，就嘰嘰喳喳地聊起天來，後排小朋友更是和旁邊同學打打鬧鬧成一片，眼看教室的場面即將失控，後來是巡堂老師從外面走廊經過，學生才頓時安靜下來，但是過沒多久就故態復萌了。

我趁著隔天午休時間與一起參加伴讀計畫的同事分享課堂上的情

況，果不其然，他們也遇到同樣的問題，我們決定利用下班時間好好討論如何既能維持秩序，又可以讓學生專心聽故事。

反覆試過幾種方法後，直到第三次上課，我才真正學會如何讓小朋友乖乖聽故事。其實偏鄉學校的學生人數不多，我負責的那一班人數不超過十二個，只要記住每位小朋友的名字，當他們吵鬧時，當場喊出那位小朋友的名字，他會知道你有注意到他，也就不敢亂來了。另外，透過眼神接觸也是一個好方法，當我的眼神可以直接對應到每一位小朋友時，他們就把注意力集中在講故事的我身上。另外也嘗試將座位排成半圓形，我自己站在前方圓心處，確保每一位小朋友都能面對著我。

除了吸引小朋友的注意力外，面對不同年級的孩子，我們也有一些不同的嘗試，例如中、高年級的小朋友容易對聽故事的方式感到厭倦，他們覺得這一點都不酷，所以我們會調整課外讀物的題材，例如講一些簡單的科普故事，或是播放視聽影片增加聲光效果，以吸引他們的注意力。另外像是課堂討論、指定延伸閱讀，大多能得到不錯的效果。

《天下雜誌》希望閱讀計畫的目的是讓偏鄉小朋友多接觸優良讀物，其實部分偏鄉學童缺少的不是書籍讀物，而是缺乏陪伴、互動，以及養成閱讀習慣。小朋友的閱讀和吸收新知都是需要陪伴的，而我們所扮演的角色就是讓他們願意多花一點時間去讀書，進而從書中發掘吸收知識的樂趣。

除了台積電的志工社團之外，還有其他單位團體也有類似的到校服務，所以各團體每次只分配到一堂課，時間很短，不過我們盡量維持一學期至少出隊八次的頻率，遇到畢業典禮、聖誕節等特殊節日也會專程前往為小朋友安排各類活動。

為小朋友伴讀的過程中，我真正感受到日常任務無法帶來的滿足感，工作上一切與效率無關的想法與行為都會受到限制，坦白說，要做好分內工作並不困難，但我卻愈來愈感覺喘不過氣，不斷問自己：「Russ，從美國回台灣就是為了做這個嗎？這真的是你想要的生活嗎？」每次上山看到小朋友被我不輪轉的國語逗得哈哈大笑，就讓我對正職工作意義的質疑產生更多糾結。

努力工作也許可以為我們帶來高職位與高成就，但每個人所追求的人生價值似乎無法簡單地用收入多寡或成就高低來衡量，而我偏向以「被需要」的程度來定義「做事價值」。帶領孩子們發掘浩瀚的知識與想像領域，他們對夢想的追求就有可能在未來某個時刻被啟動，我則因為自己能成為那把啟動的鑰匙而真心感到喜悅。

雖然我後來離開台積電到 Yahoo 奇摩工作，但還是固定到錦屏國小做志工。我在交大念書時曾修習教育學程，授課老師孟瑛如教授在課堂上說：「現在很多人喜歡當志工，要做就認真做，不能是玩票性質，因為對小孩來說，這是關心與信賴感的建立，如果參與度不高，小孩會認為你在說謊。」

「要做就做到最好，不然就不要做。」這句話迄今讓我印象深刻，只有眼睛治療開刀那兩年時間，我沒有回到山上陪孩子們，這十二年來，我都盡量信守最初陪伴他們的承諾。

Yahoo 新任務及挑戰

我慢慢確定自己想做的是和「人」有關、可以感受到「互動」的工作，在台積電上班每天面對的是機台，鮮少人與人的交流，和我的個性不太貼近，於是興起離職的念頭。離開台積電後，決定先回美國，離台前先找了幾間求才的美國公司，其中之一是美國的 Yahoo 公司，並在出發前投遞了履歷，打算回美國正好可以面試。

後來我接到 Yahoo 的面試通知，面試過後，原本已經決定錄取我了，可是在過程中，他們發現我除了會講中文、英文以外，還懂廣東話、馬來話，而當時台灣 Yahoo 奇摩正缺一位首頁負責人，總公司主管認為我很適合為 Yahoo 的亞洲市場發展效力，主動徵詢我是否有意願接受這個挑戰。當時我確實是需要一些自我挑戰的機會，於是很快就答應接下了這份任務，雖然後來因失明而不得不離職，但我今天還是認為當初的決定很正確。我想這一切或許真的就是命運的安排，剛離開台灣不久，卻在美國找到一份在台灣任職的工作。

坦白說，我那時去美國並沒有打算就此定居下來，只是想回去看看小雞與好朋友們，而且我在台灣一待將近四、五年了。當初進台積電工作後，確實想過要長期留在台灣發展，而後離開台積電只是想換一個工作環境，並不是打算要回美國工作。

我在八歲時（一九八七年）離開台灣，二〇〇二年才回來，有長達十五年之久沒在這片土地上生活，但到頭來還是人親土親，台灣才是永遠的家。而且我在台灣念書及工作這幾年，父母常藉著洽公行程順道回來，家人見面的機會更多了，因此覺得在台灣工作可能更適合我。在Yahoo積極的建議之下，我決定接下Yahoo奇摩台灣首頁負責人這份工作。

做出回台灣工作的決定之後，我最擔心的其實是女友小雞會反對。自從到交大念研究所後，我和小雞雖然一個在台灣一個在加州，卻仍保持密切的聯繫與互動，她放暑假時會來台灣玩，或許當時是小別勝新婚，分居兩地的相處模式似乎也沒什麼大礙。奇怪的是，她第一時間聽到我要回台灣的消息，卻沒有預期中的反彈反應，原以為好不容易辭掉工作回到美國，她會希望我一直留在這裡呢！也許我們兩人之間的緣分，冥冥中已漸行漸遠，只不過此時的我仍渾然不知。

二〇〇七年底正式進入 Yahoo 奇摩任職，剛開始我簡直像劉姥姥進了大觀園，工作上許多事都讓我驚訝不已，例如，網站首頁上每個欄位背後都是龐大的文案與客戶群，網站流量關係到金錢價值與經濟收益，因此字數多寡、圖片大小都錙銖必較。這和在台積電的工作型態有很大的差異，這份工作內容更貼近實際使用者，上班環境的氛圍也很不一樣。

Yahoo 奇摩的每一天都充滿未知的挑戰，例如，為了測試新版面效果，我們要到實驗室觀察使用者的瀏覽行為，每位使用者旁邊都有觀察員一一詢問使用結果，同時透過 i-Tracking 追蹤使用者的眼球停留在哪個欄位的時間最長，哪類圖片與文字可以抓住使用者的目光，之後再用電腦統計結果，就是現在最流行的「大數據」！

流量數字是會說話的，而且說的都是實話。經過嚴格的專業判斷，我決定將某個欄位放上首頁，每小時幾千萬的流量會立即顯示出判斷是否正確，這種工作很刺激，也充滿挑戰性，這正是我想要的，我想知道網路是否真能影響或預測人的行為。

每個文案負責人都會來向我提案，互相爭論欄位位置與大小，每個同仁都希望將自己的提案放在最吸引目光的版面上；而身為首頁負責人，溝通與說服是很重要的工作技巧，不僅讓我積極學習與人和諧相處，中文能力也因此增進不少。

當然上述這些只是工作內容的一部分，我曾飛到南韓開會，評估結束當地市場的可行性，還要不斷和總公司連絡，除了要克服時差因素之外，爭取時間與時效也很重要，忙碌而緊湊的工作占據了生活中大部分的時間。

當時 Facebook 勢力興起，而我們卻沒察覺它帶來的警訊，隨著

Yahoo 奇摩的流量不斷下滑，大家才急著找應變方法；但 Facebook 不單純是一個新平台，甚至改變了使用者的瀏覽習慣。

輕忽身體警訊，後悔莫及

Yahoo 奇摩的工作忙碌緊湊，不過也充滿成就感，我從早做到晚也不覺得疲累，一天工作時間經常超過十小時。在台積電工作時期偶爾會出現偏頭痛的毛病，在 Yahoo 奇摩期間，頭痛頻率似乎愈來愈高，但自恃年輕的我並不以為意，胡亂吞顆止痛藥或是塗一塗薄荷膏，休息一下就繼續工作了。後期實在是痛到受不了才去醫院檢查，家醫科醫師看完檢查報告後，建議我要去神經內科進一步照頭部斷層掃描，當時誤以為自己年紀輕輕就得了癌症，內心一陣惶惶不安。

幸好斷層掃瞄結果沒有發現異樣，為了健康，我開始調整生活型態，但情況依舊沒有改善，我當時沒發現頭痛是眼壓升高的警訊，也沒積極求診治療；我全部的心力都放在為年長的銀髮族規劃友善首頁上，因為注意到他們的年齡層族群瀏覽 Yahoo 奇摩的次數大量減少，想為他們不可避免弱化的視力設計更容易閱讀、字體可以選擇放大的版面。用心考量他人的需求時，完全沒想到自己日後會成為視障者，有時想想老天還真是對我的人生開了個一點也不好笑的大玩笑。

依稀記得病發當天早上起床，我就感到有點偏頭痛，不過因平時常發生，我也沒多加留意，進公司後照常到會議室開會，開會那段時間發現自己的視力愈來愈模糊，會後向同事提起我的不舒服狀況，他說：「Hey Russ，你工作太拚了，休息一下吧！」於是我午餐沒吃就趴在桌上休息，但睡醒後眼睛還是很不舒服，而且感覺又痛又腫，我趕緊請假到附近的慈濟醫院掛急診。

急診室醫師說可能是眼睛太疲累了，要我先轉到眼科門診測量眼壓，奇怪的是，儀器完全測不到我的眼壓，此時眼科醫師診斷很有可能是急性青光眼，乍聽到時「青光眼」三個字時，我忍不住在心裡大喊：

「What？青光眼，這不是老年人才會罹患的疾病嗎？」

醫師請護士幫我打點滴注射利尿劑，先逼出身體裡的水分，半小時打一瓶，幾小時後我開始頻繁地跑廁所，隨著尿液排出，感覺頭部的疼痛稍有舒緩，這時也測得到眼壓了，結果我的眼壓竟然超過四十毫米汞柱（正常眼壓為十～二十毫米汞柱），也就是說我的眼球因腫脹而壓迫到視神經，才會突然出現看不見的情況。

經過診治之後，視力雖有恢復一些，但左眼還是看不清楚，不過至少可以感覺到光亮，正準備鬆一口氣時，醫師卻緊接著嚴肅地告訴我：「你的眼睛情況很嚴重，幾乎已經沒什麼機會了，如果不動手術的話，五年內有可能會失明！」

「失明？」我腦中彷彿瞬間被閃電擊中般一片空白，無法理解這兩個字究竟代表什麼意思。我整個人六神無主，原以為只要去掛號診療，安分地吃幾天藥就沒事了，根本沒有心理準備要面對這麼大的衝擊。

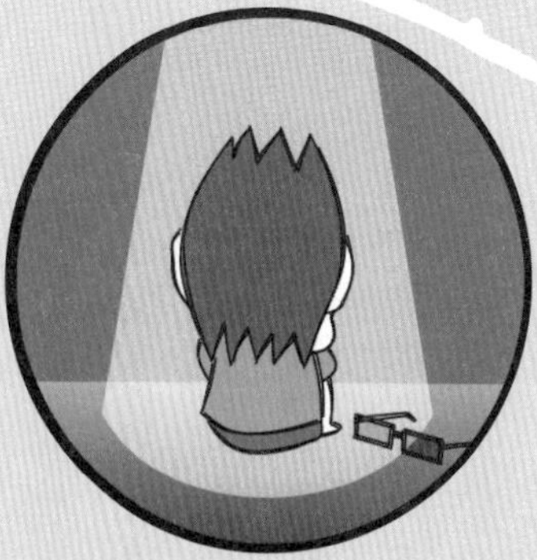

Part 3

從極亮到全黑——生命遭逢巨變

我曾相信積極努力工作就能成就未來，實現人生價值，現在卻孤獨地品嘗著巨大的絕望，而我的人生不斷崩解，碎片一一落入無盡深淵。當人生在瞬間從耀眼的白晝進入無止盡的黑夜，不論甦醒或沉睡的時刻，黎明晨光、日落晚霞彷彿都與我無關；然而上天所給予的痛苦考驗也許是為了磨掉我的氣焰，讓我發現自己的另一面。

人類在遭遇重大變故或疾病摧殘時，心理會產生一連串的變化，心理學上有個著名的哀傷五階段理論，分別為否認、憤怒、討價還價、沮喪、接受。雖然不見得每個人都一定會完整經歷這個五階段，但至少會產生其中兩、三種情緒階段。

心理學家以旁觀者角度研究出五階段理論，但對身處其中的當事人來說，每一個階段都歷經煎熬，逐漸失去視力的過程中，我深刻體會到原來這不是一次到頂的「絕望」，而是一而再、再而三的「更絕望」。

從堅持希望到墮入絕望

一開始得知自己罹患青光眼時，最初一直是保持高度信心與抱持希望的心態，因為我向來是個樂觀開朗的人，深信現代醫療技術如此先進發達，只要積極接受治療，視力一定可以慢慢恢復的！

儘管當時我眼前的視線已經非常模糊了，還是不斷在網路上查資料、做功課，研讀各種聲稱有效的治療方法，甚至跑遍全台灣各大醫院找眼科名醫診治。在就診過程中，曾遇到一位醫師直接說我的視力狀況已經無法挽回了，可以不用再辛苦求診了；即使如此，我還是不肯放棄，儘管只有一線希望，也要牢牢把握住。我曾嘗試和主治醫師討論能否引進國外的治療技術，那位醫師說：「你已經快看不見了，還這麼拚命耗用眼力上網找資料，為什麼不讓眼睛好好休息呢？」我當時是真心認為自己有朝一日一定會康復，直到動完第一次手術後，信心才開始動搖。

青光眼的病因是眼壓急遽升高，壓迫到視神經，造成視神經逐漸萎縮，進而導致視野缺陷，情況嚴重時會惡化到失明。除了服用藥物之外，基本的治療方式為「小梁切除術」，醫師會在患者的眼睛結膜處以手術方式切開一個開放式傷口，如果傷口不要太快癒合的話，只要用手擠壓眼球，其中的房水[1]就能順著開口排出，達到降低眼壓的效果。

1 房水(Aqueous humour)是充滿眼球前房和後房、夾在角膜和晶狀體之間的透明液體。房水的生成和排出的動態平衡是維持眼壓的重要方式，大部分治療青光眼的藥物是透過控制房水的生成或排出來降低眼壓。(資料來源：維基百科)

經過幾週時間的考慮，我決定動手術，心想：「與其消極地等待視力消失，不如就賭一把！」第一次動手術時，狀況還算順利，但一個月後回診，發現手術切開的結膜傷口癒合得很快，一旦傷口癒合封閉，房水無法排出，眼壓又會急速升高。醫師的說法是我很年輕，身體組織的恢復力太好；如果是年齡較大的患者，癒合力較弱，開一次刀就可以一勞永逸，我當下只能選擇相信他的解釋。

房水蓄積造成眼壓不斷攀升，我長時間陷入劇烈頭痛的煉獄，只好一再做些現在看來像是「垂死掙扎」的治療手段。因健保支付相同手術的費用有時間間隔的規定與限制，動手術的次數不能太密集；因此我幾乎每天都帶著頭痛又暈眩的不適感去醫院報到，而漫長的候診就像隊伍前面排了幾百個人，而我除了耐心等待與忍受痛楚之外，一點辦法也沒有，什麼事都不能做，只能讓無力感不請自來地霸占住我整個身心。

身體上有病痛時，每一分秒都過得像天荒地老般漫長。終於輪到我看診了，醫師先在我的眼睛裡點上麻醉藥，準備在診間直接動手術，兩位護理人員一左一右抓住我的胳膊，醫師一手撥開我的眼皮，一手拿著針頭往眼睛裡的開放式傷口戳下去，這種手術是為了將癒合的組織膜再度弄破，才能讓房水順著開口流出。

有異物出現在眼前時，一般人的反射動作是立刻閉上眼睛，這是人體保護眼球的自然反應。發病初期，我還有殘餘的模糊視力，眼睜睜地看著醫師手上的細針往眼球逼進，也能敏銳地感覺到細針刺入眼球，在眼睛內部攪來攪去的動作，而我只能強迫自己忍受著猶如受刑般的恐懼與疼痛。當癒合的傷口終於再次被細針挑裂後，眼球內部的房水立刻開始不斷滲出，護理人員趕緊配合擠壓眼球的動作，並拿著紗布吸取流出眼眶的房水。

此時，鼓脹的眼球瞬間像是一顆洩了氣的皮球，整個眼睛似乎瞬間成了空殼，頭痛狀況立刻得以緩解，但這樣的高興卻持續不了太久；也許是年輕人的身體恢復力真的太好的原因，早上剛戳開的洞口到了晚上竟又癒合了，隔天起床時又是一陣頭暈目眩，眼壓又開始驟升，我知道自己又要到醫院掛號了。這種周而復始又無法停止的絕望，若我未曾身歷其境，真的很難想像箇中滋味。

若藥是一把土，我也願意吃

我的主治醫師是三軍總醫院的眼科醫師，他每星期輪流在內湖院區和汀州院區看診，我幾乎是每天都得追著他掛號看診，因此在內湖與汀州路間往返奔波。一次又一次，一天又一天，直到醫師認為我的眼球實在不能再穿刺了，就只好再安排上手術檯。一次手術切開傷口大約可以撐一個月，這一個月中則是不停地接受門診手術。

三十而立的階段，原本應該是每個人擁有高度自我期許與雄心壯志的時刻，而我從二十九歲發病仍有殘餘視力，到三十一歲時全盲，中間整整經歷了長達兩年的診治煎熬。我的雙眼前前後後總共動了十一次手術，交通費和醫藥費支出花光了我幾年工作的積蓄，也耗盡了我的心力，最後還是完完全全、徹徹底底失去了視力。想不到我的人生真的在三十歲前後成了楚河漢界的分野。

除了西醫外，我也花了很多時間與金錢求助中醫、神醫等，對眼病徬徨無措的當時，幾乎是有人說吃一把土可以治好我的眼睛，我也願意吞下去！雖然我明白病急亂投醫的情況下，難免會失去理智，但整段求醫過程實在太艱辛、太坎坷，即使現在看來有些矇昧的行為，都是我當下唯一能緊緊攀附的希望所在。

我母親在好友熱心的推薦下，帶我到一間享有盛名的中醫診所求診，據說這位中醫師的針灸技術非常高超，半身不遂的病人經過他的治療後，竟然可以恢復正常行走！那間診所內人聲鼎沸，聽得出來求診的人非常多，候診時間也非常久，我只好與陪病人來看診的家屬聊天，原來除了失明患者之外，也有脊髓損傷與腦性麻痺的病患前來求診。等待期間我聽到腦麻的小朋友不停發出慘叫聲，我為生病的孩子感到難過，也為他的家人難過，為了治好孩子的病，想必他們都承受了極大的壓力，如同我的家人一樣。

不知等了多久，終於輪到我了。護士請我到診間就坐，中醫師用手掰開我的雙眼檢查一番，隨即說要針灸。

我毫無心理準備，嚇得立刻問：「是直接扎在眼球上嗎？」

醫師回答：「穴位在眼睛後方，我會用長針繞過眼球。」

我腦中頓時一片空白，針要如何繞過眼球？不等我回應，醫師已經一手掰開我的眼皮，另一手拿著針靠近。針頭慢慢從我的眼縫插入，可以感覺到他的手不停轉動，以便讓長針可以鑽進去。我太過緊張，全身肌肉緊繃僵硬，一手緊抓著我媽媽的手，我感覺得到她也很難過，不捨得讓我承受這種苦，但為了恢復健康、為了不讓家人擔心，我願意盡最大力量忍耐。

我無法否認在針灸的當下，雙眼確實可以感受到一些光亮，醫師在我眼前揮舞著手指，我也可以感受到有陰影不斷動來晃去，但效果僅止於此。雖然當時我與媽媽好像又重拾了一絲希望，但幾次針灸療程之後，並沒有因此看得清楚，反而眼睛像是對針灸的刺激感覺疲乏般，不再有任何反應，我再次回到黯淡無光的世界。

中醫針灸無效，我媽媽又不知從哪兒打聽到一位神醫，這位神醫的診治讓我媽媽和我都吃盡苦頭，他開了一帖奇怪的藥方，包括一些我根本說不出名稱的草藥，而且還得加上一隻活生生的牛蛙。

我媽媽抱著寧可信其有的一線希望，當真去菜市場買了隻牛蛙（應該是她有生以來第一次也是最後一次），然後按照神醫的指示，將牛蛙和草藥一起丟進電鍋裡燉煮。為了怕活牛蛙受熱會奮力跳出來，她手忙腳亂地蓋上鍋蓋，我人在客廳一直聽到媽媽的哀叫聲。最後熬出一碗黑黑的藥湯，飄散出一股從來沒聞過的怪氣味，儘管一臉狐疑，但想到這是媽媽大費周折的苦心，我還是強忍著一口氣全灌進肚子裡了。至於藥效如何，不用我明說，你一定也猜想得到。（苦笑）

還有一次三更半夜，我媽媽突然把我帶到住家頂樓燒香，面對著爐火念咒、禱告。即使我本身是接受科學訓練的人，在無計可施的情況下，竟然還是會配合這些奇門偏方。其實這麼做不僅是為了自己，也是為了我媽媽，只要是她要我做的，哪怕再怪力亂神、匪夷所思，我都願意順從，畢竟她為我傷了太多心，不想再讓她更難過。

這時當然也不乏有心人刻意接近我媽媽，宣稱某種東西可以治療我的眼睛，藉此詐財；或是直銷人員推銷的五花八門保健產品我也吃了不少。畢竟在大海中溺水的人，不論飄過眼前的是什麼東西，都會本能地死命抓住！

我後來認識了一些癌友，分享了彼此的求醫經驗，他們大多也嘗試過各種療法，就結果論來看，這些療法幾乎完全無效。或許根本沒有哪一種療法是百分之百有效的，但積極努力的求診態度確實能為心靈帶來撫慰，我真心希望病中的自己還有能力給家人帶來安慰；尤其是我媽媽，她一直自責沒把我照顧好，其實是我沒把自己照顧好，又或者這一切的發生根本由不得任何人。

能力被剝奪，性格大變

兩年多的求醫過程中，我真正體會到：生病從來都不是自己一個人的事，身邊的所有人不論是否心甘情願，都會被牽扯進來。每當聽見新聞中長期照護生病家屬的人不堪承受壓力而走上絕路時，我的心痛程度總比一般人更深。

當初我以為只要勇敢接受一次手術，眼睛就會痊癒，卻不知道手術打開的傷口有可能不斷癒合。大約進行到第三次手術時，我心裡已經開始出現放棄的念頭了，因為不管我多努力配合治療，似乎都沒有效果，無法改善病況，也無法延緩視力消失，我唯一能做的事就是沮喪地等待失明來臨的那一天。

從視力逐漸模糊到完全看不到的過程讓我有被凌遲的感覺，我將手放到眼前，卻只看得到五根黑影，而且一次比一次模糊，直到最後成為一片黑暗，我知道雙手還在，但就是看不見。我曾與視障朋友分享當時的心情，我問說如果可以選擇，他們要立即失明？還是讓視力慢慢消失？大部分的視障者都寧願立即看不見，如果是一點一滴看著視力消失，簡直就像身體的血液從傷口慢慢流乾，實在太痛苦煎熬了。

自從失明之後，所有的事情都無法自己做，那種能力被剝奪的感覺，總是不斷侵蝕著我的思緒。原本任職於人人稱羨的知名企業，屬於公司體制內的重要人物，然而此時的我卻變成沒有工作、沒有收入的人，甚至沒有自理生活的能力，從一個被信賴者轉變成依賴者。

這段期間，我只能白天去醫院掛號看醫師，回家就是躺在床上聽音樂，無力地面對自己的軟弱、絕望，以及想像著茫然無措的未來。當時完全沒有心思也沒有餘力去關注周圍的家人在想什麼、感覺如何，只是任性地認為生病的人最大，他們理所當然應該無條件地包容、體諒我；再加上我根本無法與外界的人接觸，只能一天到晚和家人吵架，把滿腔的怨氣與憤怒發洩在他們身上。我不只一次地指責他們沒將椅子歸位，害我踢到、撞到，難道是想害我摔死嗎？剪指甲剪到皮肉受傷流血時，不僅埋怨家人，更討厭自己連這點小事也做不好。

有時家人在客廳看電視節目看到哈哈大笑，頻頻喊我出來客廳，我卻根本不願意走出房門。雖然他們不厭其煩地一試再試，我的想法卻愈來愈負面、愈極端：「我看不到畫面，要我看什麼電視，又沒人要講解給我聽。」

我像一隻受了傷的刺蝟，獨自舔拭著傷口，不肯接受別人的關懷，更固執地拒絕他們的靠近。我們一家人先前分別因為就學、工作的關係，長年分居世界各地，因為我生了病，才終於得以團聚在一起。全家人並肩坐在客廳看電視、吃水果、聊天，看似最平凡無奇的家居生活，對我們來說是多麼難能可貴；而家人是我最珍貴的扶持力量，可惜我自顧自地陷溺在巨大陰霾裡，連這麼簡單的道理都沒能想明白。

我的輕生與子姪的誕生

大多數的親友從來沒接觸過視障者，雖然他們會擔心我從此一蹶不振，但實在不懂該用什麼方式鼓勵我，只能不著邊際地說著無用的安慰之語：「不要太擔心啦，哪天眼睛真的完全看不到了，還是可以去按摩院工作的嘛！」

那時我還在積極接受手術治療，一聽到這句話，除了心裡感覺受到傷害的痛楚以外，同時有股怒氣忍不住想衝出喉嚨：「現在是怎樣，難道你們真的希望我瞎掉是不是？」

這句話最後卡在喉頭沒說出口，化成了隱隱作痛、吞不下又吐不出的那根魚刺。好不容易冷靜下來之後，想想他們應該沒有惡意，只是不知道如何適切地表達關懷之意而已。設身處地的道理幾乎人人會說，但願意易地而處、用心體會及思考障礙者真正需求的人卻是少數。

逐漸消失的視力讓我原本的人生計畫被迫中斷，每天的生活出現大把大把的空白時間，而且心如槁木，萬念俱灰，對未來沒有任何想法或期待。我幾乎完全不出門，也不想去看醫師，整天待在房間裡，宛如被判了無期徒刑終身監禁的囚犯，只靠媽媽定時送餐維持生命。我整個人陷溺在沮喪、悲傷、忿忿不平、無助之間苦苦掙扎，卻找不到出口，情緒變得十分脆弱不穩定，像顆隨時可能引爆的炸彈，甚至想一死了之，和痛苦一起玉石俱焚。

「反正我什麼都沒有了，活著幹嘛？」、「就算我不在世上也無所謂，少了這個累贅，家人應該可以過得很好。」我的腦海裡無時無刻浮現這些念頭。

我媽媽有天要出門辦事，不放心我一個人在家，打算帶我一起去，而我故意騙她說自己有點疲倦，想待在房間裡休息，其實正豎起耳朵注意關上大門的聲音，我刻意多等幾分鐘再走出房門。我下定決心、做好計畫，打算自己一個人到頂樓去了結這一切，這種活著卻什麼事都不能做的狀態不是我想要的人生，我不想繼續這樣活下去！

熟料當我伸手摸索著想打開家裡的大門，鐵門卻像被反鎖般打不開，我又氣又急，死命搥打著鐵門，失控地大吼：「難道我連開個門去跳樓的能力都沒有嗎？想死就這麼困難嗎？」

這時，我媽媽突然折返，急忙打開鐵門，驚慌失措地問我在做什麼？我的無助、惶恐、悲傷與絕望再也掩藏不住了，整個人瞬間崩潰癱軟在地，一句話都說不出，像個孩子般緊緊抱著媽媽，痛哭失聲。

直到家中接連誕生了兩個新的小生命，才讓我有了另一層思維與改變。

我嫂嫂生下第一個孩子時，剛好是我第一次開刀的時間，我始終沒機會親眼端詳小姪女清秀可愛的長相，只能聽聞家人喊著她的小名：甘貝，以及透過觸摸嬰兒細緻粉嫩的臉龐與哭鬧聲來感受她的存在。當時我媽媽一個人要照顧 baby 和做月子的嫂嫂，在人手不足、分身乏術的情況下，當然是對甘貝的關注及照料更勝於我。

隔一年，和我同一天生日的姪子誕生了，小名叫甘包，他們兩姐弟只相差一歲，家族成員多了兩個可愛的子姪，聽著他們稚嫩不成語意的童音伊伊呀呀，我的心裡似乎也慢慢浮現了重生的契機。

有天陽光晴朗，媽媽帶著我和甘包到住家頂樓晒晒太陽，她一手牽著我，一手抱著甘包搭電梯上樓。當時一歲多的甘包正在學走路，步伐不穩，總是走不到幾步就「啪」一聲地向前撲倒在地上了，不到兩秒時間，小甘包的嚎啕聲緊接傳進耳裡，我媽媽走過去拉他一把，甘包被拉著站起身後，兩串眼淚可能還掛在臉頰上，哭聲卻馬上停下來了，我聽見牙牙學語的他乖巧地向奶奶說了「謝謝」；隨即又開始搖搖晃晃地繼續走，沒兩步又再度跌倒，媽媽又過去拉他，祖孫倆就這樣不斷重複著跌倒拉起的動作，小小孩沒有跌疼耍賴不走，大人也沒有放棄不拉一把。

永遠記得那天太陽很大，晒得我滿臉通紅，卻始終晒不乾臉上簌簌落下的淚水。心想著甘包如此有勇氣地跌倒爬起、跌倒再爬起，那我呢？我只是眼睛看不見，難道真的什麼事都不能做了嗎？學習過程就是不斷跌跌撞撞，是否有人拉我一把，我也應該說聲謝謝後繼續站起來四處走？雖然失去視力，但愛我的家人都在身邊，他們對我的病情也許幫不上忙，但陪伴本身就是最有力的扶持。

還有一件難忘的事，有天只有小甘貝和我單獨在家，她噗通噗通地跑過來找我聊天，她說：「叔叔，你整天待在家裡不會無聊嗎？無聊的話，我可以陪你喔！」小女孩天真的童言童語真的讓我覺得很窩心。

午夜時分，媽媽的啜泣聲

長年在國外求學，我習慣自己照顧自己，極少向爸媽訴苦或求援，自認不是個「媽寶」；但不論孩子長多大、多獨立堅強，在媽媽的眼裡，永遠都是她的「寶貝」，而孩子身上的任何病痛，都成為她心中最不捨的傷。

小甘貝在襁褓階段時，我媽媽有天要去市場買菜，把她託給唯一在家的我照顧。

「妳確定嗎？萬一她摔倒了，怎麼辦？」

「沒關係，我知道你不會讓她摔跤的。」不等我回話，媽媽就一陣旋風般出門了。

我整個人靠立在嬰兒床旁邊，聽著其中發出咿咿呀呀的聲音，忍不住將手伸進嬰兒床內，想摸摸小甘貝，我的手指突然被一隻揮舞的小手抓住，心頭瞬間愣了一下。我開始回想人在牙牙學語、歪歪倒倒學步的時候，對世界充滿好奇，任何沒看過、沒碰過的東西都想用手摸摸看。我問自己：雖然失明後有很多事情不能做，但應該還有什麼事情是可以做，但我還沒開始做的呢？

甘貝出生後，我偶爾故意以吃醋的口吻對媽媽開玩笑：「妳好像比較愛甘貝喔？」

我媽媽實話實說：「對啊！她很努力長大，走路跌倒了會重新爬起來，你呢？是不是也要試著振作起來？」

這句話無疑是一記當頭棒喝。是呀！失明後生活的一切事務都要重新學習，等同於重新誕生，我幾乎是和稚齡的甘貝一起經歷學習及成長的過程，可是她比我勇敢，也學得比我快，她會爬行了、會走路了、會說話了，我卻連拿起視障輔助白手杖的勇氣都沒有。

這段期間，媽媽最常陪在我身邊，也是最樂觀看待我的病情的人，儘管她承受了很多我不定時、無由來的負面情緒，卻從來沒有對我發過一次脾氣，反而不斷鼓勵我：「維維，你的眼睛會好起來的，一定不會有事的。」其實看不見之後，我的聽力變得異常敏銳，偶爾會在無眠的午夜時分聽到隔壁媽媽房裡傳來的啜泣聲；然而為母則強（或許是不得不強），她始終不曾在我面前掉過一滴眼淚，也不曾在我面前表現出她的傷心難過。

接受治療期間，我看完門診，就得去測眼壓，看指數有沒有降下來，然後到一旁繼續按摩眼球，試圖擠出房水，房水排出後，再去排隊測眼壓，來來回回。幾乎每天都是我最早到達醫院，隨著掛號患者愈來愈多，直到門診病患全部看完，我還在醫院反覆進行這些程序。

媽媽陪我到醫院時，偶爾會帶些水果送給醫師與護理人員表達感謝，她費心做這一切，無非是期望醫護人員能盡量多關照我，哪怕只有一點點也好，真正體會了媽媽對我的「無微不至」。這段時間她放下了所有的工作與活動，只顧著全心全意地照顧我，祈求奇蹟出現在我身上。模糊看著她辛苦勞累的身影，雖然我嘴上沒說什麼，但內心滿是心疼與抱歉。

當我整天都耗在醫院時，我媽媽也經常跟著陪我一整天，中午問要不要吃點東西，買了午餐回來又問我有沒有覺得舒服一點。通常門診時間內，醫療人員會留在診間等我測完眼壓，但遇到門診結束時，她會主動詢問要下班的醫療人員是否可以繼續使用測眼壓的機器？這時醫院候診廳的照明燈大部分都關掉了，只剩微微透出的一些光亮，空蕩蕩的診間孤孤單單地剩下我們兩個人，我的世界只有媽媽始終不離不棄。

媽媽拚盡一切力量、耗盡多年積蓄想救回我的眼睛，有時我的眼壓指數下降，稍微看得到一點點光，她表現得簡直比我更高興。眼前有光對我而言是一種安全感，感覺自己仍然存在，感覺與世界仍有一絲連結，感覺視力還有一線希望。

◆媽媽，我愛妳

從高中開始在美國念書，雖然長時間受到美式開放作風影響，骨子裡還是無法完全擺脫來自傳統華人家庭的拘謹性格，一直訥於主動向媽媽表達我對她的愛，而我真的真的很愛她。真希望媽媽能讀到這一段，我不好意思說出口的，就由文字代為傳達吧！

媽媽有天在廚房煮飯，我的心情五味雜陳，循著鍋鏟炒菜的聲音，慢慢走到她身邊，克制不住的眼淚不斷順著臉龐滑落。

「媽，對不起，都怪我沒有把自己照顧好，現在反而要讓妳來照顧我。真的對不起！對不起……」我聽見自己的聲音愈來愈顫抖，最後哽咽到說不出話。

炒菜的鍋鏟聲頓時停了下來，媽媽轉過身來抱著我，鼓勵地說：「維維，你不要責怪自己，也不可以自暴自棄，媽媽年紀大了以後還要靠你養呢！一定要振作起來，好嗎？」

她的語調故作鎮定，卻掩藏不了啜泣的鼻音，我知道她哭了，雖然看不見她的眼淚，卻能感覺她的淚水正一滴一滴落在我的心頭上。媽媽默默回過身繼續炒菜，為了不讓我察覺她的傷心。母子畢竟連心啊，即使她總是躲著我偷偷掉眼淚，我怎麼可能感受不到她的悲傷呢？

我媽媽算是性格堅強的女人，她了解不是我故意傷害眼睛，讓失明的情況發生在自己身上，但無法挽回的事實擺在眼前，由不得我們選擇要或不要；在最失望無助的時刻，任何人都可能顯現脆弱的一面。

除了「對不起」以外，其實我更想親口對媽媽說的是「我愛妳」。奇怪的是，談戀愛時，時時刻刻都能對女朋友說出這三個字，卻對血脈相連的媽媽開不了口。我們對最親近的家人總是吝於或羞於表達感情，也許是認為不說出口他們也會明白，或認為他們理所當然一直在身邊，其實伴侶隨時有可能會分手，家人才是世間最牢靠的關係，我想自己應該多練習常對媽媽說「我愛妳」。

全家人無條件的愛

為了訓練自己獨立生活，與家人經過一番懇切溝通與再三保證後，我正式搬離家裡在外租屋，獨居在外後，媽媽無法天天見到我，但總是三不五時打電話給我，殷殷詢問「有沒有吃飯？」「有沒有到處亂跑？」「有沒有哪裡不舒服？」……媽媽的叮嚀聽起來比甜言蜜語還溫柔。

雖然我的眼睛看不見了，但媽媽還是希望我的日子過得開心、活得健康。我現在能做的就是好好照顧自己，盡量不要讓她擔心，因此出外參加任何活動都會告訴她，也會和她分享有意思的事。我們母子倆的關係因此變得比以前更緊密了。

曾問她為什麼願意花那麼多醫療費治療我的眼睛，她淡淡地回答：「如果不這麼做，我一定會後悔。」

在美國生活那段時間，整天只想著和女朋友、好朋友在一起，幾乎很少花時間及精力去關注家人的感受。經歷這件事之後，深深體認到媽媽是世界上唯一不會離開、不會放棄我的女人，她無限包容以及無私付出的親情，終此一生會牢牢烙印在我的心裡，永誌不忘。

現在我媽媽處於工作半退休狀態，日常生活大多在照顧哥哥、嫂嫂的兩個孩子。正值活潑好動年齡的甘貝和甘包占據了她大部分的時間與心思，但我經常提醒自己要和媽媽保持貼心的互動，否則就太對不起她為家庭以及為我如此無怨無悔地付出了。

至於爸爸呢？小時候的記憶裡，爸爸始終是努力賺錢養家的人，我們就像傳統家庭的父子關係，彼此之間不會講太多內心話，因此感覺和爸爸沒有那麼親近；但在我生病這段期間，他一肩撐持起全家的經濟來源，而他也認真負責地扮演好這個角色。

有次他問我：「你真的完全看不見了嗎？」我默默地點點頭，心裡滿是歉意，但爸爸沒有多說什麼，也沒有責備我，只輕輕說了一聲：「嗯……」就走了。雖然他沒說什麼安慰的話，但我還是感受得到他的關心與關愛。

我的家人並非沒想過要讓我接受視障訓練，而是他們希望多給我一些適應時間，等身體健康狀況改善、心理做好調適再開始，也不想給我被逼著面對現實的壓力。

發病治療後期，我弟弟仲瑜扮演著重要的角色。我們家中有三個兄弟，我排行第二，小時候三兄弟都跟著父母先後定居香港、馬來西亞及新加坡等地；長大後，我決定到美國讀高中，一路念到加州大學畢業，以交換學生模式回台灣就讀交大資管研究所，畢業後留在台灣工作；仲瑜則是在馬來西亞念高中，回台灣讀大學，畢業後前往馬來西亞工作。換句話說，我們三兄弟是分別在不同國家或地區完成學業的。

得知我罹患青光眼時，仲瑜正在香港工作，為了安撫我的情緒，只要一有空閒時間，就會用skype和我聊天，他總是會說些鼓勵的話安慰我，後來他覺得與其遠在國外乾著急、窮擔心，卻什麼事都幫不上忙，不如回台灣，當然回來也可能幫不上什麼忙，至少可以陪在我身邊，成為支持的力量，而他也確實為我撐起了這個重擔。

仲瑜毅然決然放下海外的工作，回來陪在我身邊，我的行動力確實因為有了他的協助而提高許多，我開始陸續去伊甸、愛盲、有聲書協會等機構參訪，實地了解他們對視障者提供的服務內容，發現大多是幾十年來固定做同樣的事情，而我認為以自己的專業能力，應該能為視障者做點不一樣的事。

為了擁有更完備的能力去完成想做的事情，我開始學習視障專用電腦與使用智慧型手機。其實所謂的「視障專用電腦」只是在一般電腦上加裝螢幕語音報讀軟體，也沒有視覺障礙者專用的鍵盤，但我會在鍵盤上做記號，也許有人留意到一般鍵盤上的F和J按鍵，還有右邊數字盤上的5按鍵，下方都有突出的一槓，這些小記號都可做為視障者辨識按鍵位置之用。

我過去從事科技業，對智慧型手機的使用並不陌生，相對困難的部分是無法用眼睛看。我投入大量時間與心力去摸索使用介面，最後甚至比教導我的老師更熟悉視障電腦與智慧手機的有效使用；同時發現在Yahoo奇摩工作期間，我們設計的網頁沒有對障礙者的使用便利性多加考量，更深刻體會這方面的發展有很大的改善空間。

當愛情走到盡頭

除了家人之外，人生前期的歲月之中，與我相處最久的就是高中時期認識交往的女友小雞了。此刻想起她，與其說是錐心刺骨的傷心，不如說是無能為力的惋惜。

她曾興高采烈地對我說：「我們要一起嘗遍所有好吃的東西、玩遍所有好玩的事，每天生活中有趣的事情都要和彼此分享。」

但失明情況來得太突然，破壞了我們的計畫，也打碎了我們的未來。

任何人都無法預期，這就是人生的意外；彷彿大樓外牆的磁磚、石塊突然從高空崩落，偏偏就是砸中了我。我沒有選擇，但是她有，於是選擇離開。

我們兩人的交往模式，我向來是照顧、保護她的那個男人，而小雞則是愛撒嬌的小女人。她熟悉我以前在職場上意氣風發、呼風喚雨的自信模樣，而她當時看著我的眼神總是充滿崇拜……

有天我們並肩坐在客廳沙發上，她依偎在我懷裡，突然說出一句：「多麼希望我們的情況可以對調，看不見的人是我而不是你。」

我不以為然地說：「看不見是很痛苦的事，既不能上網打怪，也無法隨心所欲地買網拍，妳才不會想要這樣。」

「我知道你一定會把我照顧得很好，我想吃什麼你一定會買來，我想去哪裡你也一定會帶我去，我只要安心待在家裡做喜歡的事、畫畫圖就好。」筋疲力竭的時刻，她也不免想藉由假設來逃躲身為照顧者的重擔。

我當時沒有聽懂她的求救訊號，正因為她不是我，自認沒有能力把我照顧得很好，也不知道接下來要如何規劃我們的未來，對未來的害怕、恐懼，加速了我們的分離。

如果處境真的互換，以我的個性，確實一定會堅持陪著她走下去。當然此時講這種話未必公平，畢竟時光無法倒流，真實世界中，我們也不可能互換情況，即使她選擇離開我，我還是一心一意想記住她的可愛與優點、記住過往相處的美好時光。

畢竟她在得知我生病的第一時間，毫不猶豫地馬上放下在美國的工作，飛過來陪伴我，重新在台灣求職找工作，整整照顧我長達一年時間。為了讓我方便就醫，她特地選擇在汀州路三軍總醫院附近租了一間套房居住。每當我心情沮喪時，她會講笑話逗我開心，她付出的心力與我的家人幾乎不相上下。

小雞和我一樣，都是很樂於學習、擅長蒐集資訊的人，在工作之餘，她花了很多時間認真地上網查找協助視障者的各種資料、並做足功課；例如，第一個告訴我手機有語音功能的人就是她，同時反覆教我以語音方式使用及操作通訊軟體、上臉書網站等。

我第一次使用 What's app 傳訊息，是將耳朵貼近手機，一邊按鍵盤一邊聽語音讀出的是哪個注音符號，反反覆覆試了兩個多小時，好不容易才打出了一句完整的「我愛妳，謝謝妳🐤」，她接收到這六個字加上一個代表她名字的表情符號訊息後，感動得哭了一整天。這時我總算了解自己還是可以做到這些事，只是需要比別人多花一點時間而已。

她同時私底下連絡台灣社福機構的社工人員，陪我去醫院看診掛號時，故意製造巧遇的機會，社工人員熱心地主動提供了許多協助視障者的相關資訊，因此搭起我與視障者協會來往的橋梁。

生病的第一年，雖然有小雞陪在身旁，但僅剩殘餘視力、即將失明的陰霾恐懼與忿忿不平的埋怨，早已無孔不入地填滿了我的腦、我的心，甚至入侵靈魂深處，我整個人不斷散發出負面情緒與消極能量，最後連小雞也因承受了太多壓力而受不了。

該來的結局終究逃躲不了。自從得知不論再經歷幾次手術都無法讓我重見光明後，試圖輕生的念頭開始出現在我的腦海裡，暗自策劃著如何了結自己的生命；但不想在人世間有任何放不下的牽掛，更不想讓心愛的她為我難過，因此了結此生之前必須先設法讓她死心。

我刻意串通幾位女性朋友合演了一齣戲，假裝自己變心了、愛上其他女人了，企圖逼她分手。但我們相處十年了，幾乎不需要言語溝通就能熟知彼此的心思，她敏銳地察覺出不好的預感，堅持不肯在此刻離開回美國。

這件事過後，像掩耳盜鈴的兩個人，我們假裝什麼事都沒發生，但自欺欺人的局勢不會成真，我們的實際相處還是產生變化了。

有一天，我拿著她送給我的馬克杯準備倒水卻不慎滑手，應聲「乒乓」杯子碎裂一地，我只能一動不動地等著小雞聞聲過來清理我雙腳周邊的碎片，一分鐘、兩分鐘……我聽著她在客廳持續敲打電腦鍵盤的聲音，等了五分鐘之久都沒發出起身的聲響。

「妳可以幫忙我一下嗎？」我按耐不住性子，開口求助。

鍵盤終於無聲地停了下來，小雞完全沒吱聲，凝結的氣氛下只聽到掃帚在我身邊穿梭把碎片掃入簸箕的清脆聲音。站在原地的那一刻，我看不見滿地的碎片，卻清楚聽見了我們的感情宛如冰山崩塌的轟然巨響；我害怕踩踏碎片讓腳掌流血，卻躲不開筆直刺入心臟的冷漠。

惶惶然不知未來何去何從，我變成完全不像以前的另一個人。自信萎縮成不安，衝勁折損成消沉，理智磨耗成幼稚……為了考驗小雞是否面對我的失明還能不離不棄，我做出許多傻事，卻忘了童話故事「放羊的孩子」的教訓，真正「狼來了」才發現透支的耐心額度已挽回不了他人的信任。

小雞聰慧地洞悉了我的軟弱不振，看穿我根本沒做好心理準備面對失明後的人生，自覺有義務幫我學習自力更生的能力，她的想法比較理性、實際，希望我能重新踏入社會，但她為我做的事愈多，我對她的依賴愈重。

等到我終於有勇氣拿起白手杖獨自走出家門時，她知道已經完成了自己的任務。我永遠記得那一天，上完訓練課程回到家時，聽到她對我說：「Russ，抱歉，這不是我當初承諾的人生，也不是我未來想要的生活，我必須離開你了。」

從發病到完全失明的兩年之間，我哭的次數其實不算多，至少盡量控制不在她面前掉眼淚；然而聽到分手的這些話，我瞬間崩潰了，空洞的雙眼湧出的淚水決堤了。錐心刺痛的時刻，理智完全無法發揮作用，偏激地認為她為我所做的一切安排，都是為了能夠安心地脫身；每當我的生活自理能力往前邁進一步，就代表她能安心地向後退一步，逐步脫離我的生活範圍。

「我無法接受，妳怎麼捨得這樣對待我？怎麼能在這個時候說分手？」此刻的我彷彿大海中的溺水者只能雙手緊抓著唯一搆得著的浮木，死命地不願意放手。

然而她只是淡淡地說著：「你痛快地哭一哭吧！哭完應該會比較好過一點。你知道怎麼回去你家，心情平靜後就請離開吧。」

我無聲地在內心大喊：「超過十年的感情，妳明明不是這樣冷漠的人啊！妳怎麼會、怎麼可以是這樣的人？」我感覺自己像電影《野蠻遊戲》裡的羅賓•威廉斯(Robin Williams)，獨自被吸入遊戲叢林裡。她害怕地逃走了，把我一個人獨留在一片暗黑的世界裡。

那個每天說愛我的女人，突然說不愛就不愛了。昨天還對我說：「你一定會好起來的。」今天卻說走就走，那種被遺棄的感受讓我很長一段時間難以釋懷。

有句英文諺語「out of sight, out of love」，意思是「見不到，就不愛了」，常用來形容因熬不過遠距離戀愛而分手的情侶；但發生在我身上的情況卻是「我看不到，妳就不愛我了」。

失去視力之前，我們論及婚嫁，討論著共組幸福的家庭，想像著未來家庭的模樣，但現在的我連照顧自己都成了問題，更遑論其他承諾。沒錯，眼前的一切和當初規劃的藍圖完全不同，也不是我們想要的未來人生，但它就是發生了，我能怎麼辦？

我們兩個都屬於理性思考的人，小雞分手時一字一句說出那些話，表示經過縝密思考，下定決心了。當時她的語氣冷靜，沒有任何難過情緒或不捨的感覺，不論我有多麼不願意接受這個現實，還是無法否認我們之間的這段感情已經走到盡頭、沒有轉圜餘地了。

愛的另一種轉化

儘管事隔多年，我到現在還是無法平心靜氣、毫不在意地提起她，也許就像朋友所說「因為還在乎」；也因為真心深愛過彼此，儘管分手非常非常心痛，簡直痛不欲生，讓我無法承受，我還是沒辦法恨她。

正式分手後，我們仍碰過幾次面，她只有簡單地寒暄幾句，不久就聽到她搬回美國的消息了，此後再也沒有隻字片語的連繫，就好像從彼此的生命中消失了一樣，而兩人之間也彷彿從來沒有過交集一般。

我不否認直到現在還是很喜歡小雞，她真的是個很好的女孩。我的情感傷口也已經癒合得差不多了，不會再輕輕一碰就流血，只剩下一道疤痕印子實實在在記錄著這一段過往。人與人的交往關係中，總會有一、兩個人是讓你終生難忘的，小雞在我心裡應該就是這樣的一個人。

此時回想起來，幸好她做了選擇，畢竟當時的我沉淪在負面的氛圍裡，那個總是滿臉笑容、樂於鼓勵別人的我似乎已被暗黑之力完全吞噬而失去自我了。失明又失業，連自己都不相信有機會擺脫黑暗、重見光明，又如何忍心把她拖進一個看不見希望的未來？

雖然我真心以為這一輩子可以與她共度人生，可以一起度過難關，遺憾的是最後結果並不如人意。

與小雞分手後，我曾試著投入幾段感情都無疾而終，一開始約會交往一段時間，都無法產生那種「就是她！」的契合感受，為了不耽誤女孩珍貴的青春時光，也不想傷害對我有好感的人，因此選擇坦誠地告訴對方，讓雙方得以平和理性地分開。好友和我媽媽認為是我尚未真正放下那段十年的感情，或者是遇見真命天女的機緣未到，我明白他們希望我獲得幸福的苦心，但感情緣分無法勉強，註定要走的會離開，該來的總有一天會出現。

現階段的我如果太過於投入愛情，很可能會影響到對工作的熱忱，視覺障礙畢竟多少會影響到我的工作效率。我做每一件事都必須比別人多花一點時間，如果花太多心力在感情上，也許就無法把想做的工作兼顧妥當。而且一旦進入交往關係，骨子裡與生俱來的浪漫性格作祟，很可能又忍不住把生活重心放在談情說愛上，也許就無法像現在一樣熱心於公益活動了。

「這樣可以算是把個人小愛化成社會大愛嗎？哈哈哈～～」

雖然朋友和媽媽都熱心地想幫我介紹女朋友，但我現在的幸福與成就感來自於工作、做公益活動。幫助弱勢團體的過程中，感覺到他們臉上掛滿笑容、聽見他們的笑聲，心中有種有能力幫助人的快樂感覺，這種滿足感是很容易讓人上癮的呢！

遇見淑琪姐，心念轉彎

重建生活秩序的過程中，我見過不少心理諮商師，雖說是為了讓我走出失明的陰霾，重啟新生活，但實際上對我卻沒有任何成效。

其中一位諮商師只會用我說過的話反問：「是這樣嗎？」、「你覺得呢？」我就是不知道該怎麼辦才來諮商的，不是嗎？還有位諮商師在第三次會面時，仍然記不得我的名字。或許對他們而言，我只是個案之一；但對當時的我來說，諮商師卻是唯一。我經歷了以前從沒想過的景況，甚至是從未耳聞的意外，正處於困惑、憤怒與無助的失序狀態，而這些諮商師卻像是不斷重複同樣動作的機器人，讓我感到異常洩氣。

直到小雞上網搜尋到一位提供諮商而本身也是視障者的郭淑琪，帶我去一探究竟。淑琪姐沒有心理諮商師的專業背景，她罹患遺傳性視網膜色素病變（Retinitis Pigmentosa，簡稱ＲＰ）而失明多年，很能理解視障者面臨的各種困境，對我們的無助也能感同身受。

淑琪姐不說客套話，也不會主動安慰人，卻是個很有正義感、很直率的人，聽到不公不義的事情會拍桌子大罵；或者應該說她不把自己當成障礙者，也不會將別人視為需要特別照顧的障礙者，這樣的個性容易招來批評，不過她絲毫不以為意。

與淑琪姐相識的過程有點另類，她在台北市的台電大樓附近開了一間複合式咖啡店「回家」，第一次去是在三總看完門診的某天下午，小雞陪我一起前往。推開咖啡店的門，門上方的鈴鐺鈴鈴作響，我隨便找了個位子坐下，小雞說有事要先離開，晚一點再來接我回家；我無聊地拿起手機把玩，點了杯飲料，但來點餐的人是工讀生。我去見淑琪姐的第一次，根本連會面的交集都沒有，更遑論有任何交談了。

此後，我每週固定去淑琪姐的咖啡店兩、三次，為了省錢，有時一杯飲料都沒點，只是枯坐在店裡，我一直沒有開口說要找淑琪姐諮商，她也沒主動來問過我要做什麼。就這樣過了一個月左右，有次點了份餐點，送餐的人把食物端上桌後，順勢坐了下來，說：「少年耶，你來很多次了耶！」聽到這句話，我感覺面前這個人應該就是傳聞中的郭淑琪了！

簡單自我介紹後，淑琪姐問我怎麼一個人傻傻地坐在這裡，我悻悻然回答：「因為沒人來招呼我啊！我以為妳會先來找我講話。」

「傻子，你不主動開口，誰知道你要幹嘛，我忙得很呢！」聽到她直白又爽朗的回答，我立刻知道為什麼在網路上褒貶參半了，不過也正顯出她的真性情。

淑琪姐的話匣子一打開就沒完沒了，從其他視障者的八卦一路聊到我的手術經歷，我不自覺地打開心房暢所欲言，彷彿她是認識多年的好友一般。

我告訴淑琪姐帶我來這裡的是我的女友小雞，但她似乎打算落跑離開了。淑琪姐不但沒有安慰我，反而淡淡地說：「跑了就跑了，你要頹廢就頹廢吧！但你還年輕，要將注意力放在現在擁有的，不要看那些已經或即將失去的，那只會讓你更不開心而已。」

講著講著，淑琪姐突然把一隻手伸過來，先摸摸我的衣服，又摸摸我的臉。

「看看你現在是什麼樣子？臉上都是鬍渣，衣服也不好好穿。」

我當時確實很不修邊幅，加上自暴自棄地暴飲暴食，體重飆升到超過九十公斤。

「反正我看不到，穿得帥氣要幹嘛？」我一副無所謂的語氣。

「來！你摸摸看我的衣服。」淑琪姐抓著我的手摸她身上的衣服。

「感受一下，衣服的料子是不是很好？這代表我穿得很漂亮！」

「佛要金裝，人要衣裝。穿得漂漂亮亮出門，心情也會很好，為什麼要因為眼睛看不見，就放棄打扮自己的權利、放棄對品味的堅持呢？」

她問得我啞口無言、如雷灌頂。是呀！我以前不是總在衣櫃前精挑細選當天的穿搭，頭髮要抹上髮膠打理好造型才出門，為什麼現在變得這麼邋遢了？

我三天兩頭往淑琪姐的店裡跑，摸著店裡厚厚一疊的菜單，很好奇這麼多道菜色的烹煮是否都由淑琪姐一手包辦？

「當然，我很喜歡下廚做菜，如果哪道菜的食材沒有了，隨時去附近超市買就好了。」淑琪姐回答得一派輕鬆。

我吃過幾次淑琪姐做的餐點，稱不上好吃或不好吃，就是有種媽媽的味道。咖啡店的生意不算好，經常待了半天只有我一位客人，但還是會聽到淑琪姐忙進忙出的腳步聲，門上的鈴鐺也不停作響，真不知道她到底在忙什麼。

「淑琪姐，妳在店裡跑來跑去，真的不像視障者耶。」

她輕描淡寫回了一句：「你也可以啊！只要你願意的話。」

和淑琪姐的互動中，我發現牢牢捆綁自己的束縛不是一雙看不見的眼睛，而是一顆心。失明後腦海裡經常出現「一切都完了！我沒救了，人生已走到盡頭了」的想法，因此遲遲不肯踏出重建的那一步。

很多人說是淑琪姐改變了我，其實她只是教我如何做回原本的自己。我轉過頭才發現身邊還有那麼多愛我的人，媽媽無怨無悔地照顧我，仲瑜為了陪伴我，辭掉工作回台灣，還有一群在交大認識的好朋友，他們都默默地關心、支持著我。

只失去視力，不是沒能力

隨著互動愈來愈密切，淑琪姐開始和我分享她的故事。淑琪姐結過婚，有個兒子，開咖啡店之前，她的工作是保險業務員，視力發生問題後，為了維持生計，還是繼續上班。

有次她想打電話給客戶，卻看不清楚對方名片上的電話號碼，請隔壁同事念給她聽，不料對方卻很大聲地回答：「不會自己看喔？妳瞎了嗎？」

淑琪姐很難過，「大家都是出來工作謀生的，何苦這樣傷人？」

視力持續惡化的情況下，她常在拜訪客戶途中因看不清楚路況而跌得滿身是傷。後來情況嚴重到無法繼續工作，老公也在此時選擇離開她；為了支應生活及拉拔兒子長大，於是她開了這間咖啡店。

淑琪姐還有一個同樣是視障者的雙胞胎妹妹，她妹妹在咖啡店後面開按摩店，妹妹和淑琪姐個性完全不一樣，比較內向，就像是冷眼看待眾生相的姿態。

有一天，淑琪姐突然說：「小甘，我帶你去諮商室。」

「什麼?妳居然還有諮商室？」

原來淑琪姐店裡有另一間房間，畢竟有些話不適合在開放空間裡聊。進到諮商室，我順著她的指引用手觸摸到座椅，隨即一派輕鬆地坐了下來。

淑琪姐說：「瞧你一坐下就蹺起二郎腿，根本不像個視障者。」我明白她的用意是點醒我仍保有原來的自己，包括個性、興趣、能力等，為什麼因為失明就讓自己彷彿變了一個人似的？

「那我現在還能做什麼？」

「你的聲音很好聽，要不要唱歌？」淑琪姐提議。

「唱歌？」

「對啊！可以當街頭藝人，或是參加『中國好聲音』比賽。」

「我喜歡唱歌，但不想在大庭廣眾之下唱。」

「那要不要在家練唱卡拉ＯＫ？」

「可是我看不到螢幕上的歌詞。」

「把歌詞背起來啊，你那麼聰明，工程師的腦袋耶。」

就這樣，不管我否決幾次、用任何理由否定，她還是不斷拋出想法，挑戰我的思路，她是真心相信憑我的才智能力，還有很多事情是可以做到的。雖然她沒有心理諮商師的正式證照，但她所做的一切比大部分的專業諮商師對我的幫助更大。

淑琪姐不僅關心我的未來，也嘗試修復我的感情狀況。有一天，我、小雞和淑琪姐、No.1（淑琪姐男朋友）約在醫院附近的餐廳一起吃飯，她突然語帶感性地對小雞說：「謝謝妳一直陪在小甘身邊，這段時間他最需要有人照顧與支持，雖然辛苦，但這段苦日子終究會過去的。」

小雞只是心不在焉地發出一聲「嗯」，語氣不帶任何情緒，彷彿是事不關己的虛應。我一方面為聽出了小雞的冷淡而有點難過，另一方面只好以玩笑話數落著淑琪姐實在很雞婆，心裡卻十分感謝她挺身為我說話。

其實我和小雞雙方都有預感，我們的感情關係已經產生了變化，從以往肩並肩、十指緊扣地逛街散步，一轉頭就可以看到她的側臉；到此時我必須以單手搭著她的肩膀，走在她側身後方，模糊不清地看著她的耳朵、髮絲，甚至到最後什麼都看不見了。對交往長達十年的我們來說，這是一段異常心痛又煎熬的歷程，非身歷其境的人實在不容易想像與體會。

No.1點完餐回到座位上時，淑琪姐故意輕輕拍打他的肩膀，說：「哎唷，我眼睛看不到都知道你點錯餐了！」

No.1不甘示弱地回答：「妳是靠耳朵聽到的吧！」

聽著他們兩個人一來一往地鬥嘴，發現障礙者和非障礙者的相處可以如此融洽自然，如果我和小雞也能一直像他們這樣輕鬆自在又互相扶持地相處，不知該有多好。

淑琪姐的熱心個性也表現在另一件印象深刻的事情上，她得知我正在處理保險理賠事宜，擔心我一個人無法妥善交涉處理，自告奮勇要陪我去和保險公司商談，別看她個子小小一隻，講起話來可是非常剽悍的。

在保險業打滾多年，她很清楚保險公司辦理理賠的作業模式，一來一往的攻守到最後，保險公司提出證明我在完全失明的時間點並未領有殘障手冊，無法證明我是殘障人士，因此不予理賠。

聽到保險公司的說法時，我默默無語，沒料到淑琪姐卻當場落淚，憤怒地說：「你們這麼大一間保險公司，理賠金額根本是九牛一毛，但這筆錢卻能讓他接受更好的治療，甚至重新出發開展生活。這個年輕人剛成為視障者，你們卻百般刁難、不願意支付理賠金，況且這點錢還是他應得的！不妨捫心自問，如果今天遭逢厄運的是你們自己，會做何感想？」

正義感十足的淑琪姐曾幫過不少視障朋友和保險公司周旋，她原本對我的案子有十足的把握，無奈事與願違，或許她是想透過這件事讓我知道：這個世界沒有想像中那麼糟。坦白說，我早有預感保險公司不會支付理賠金，但一個非親非故的女人，卻為了我這麼義憤填膺、據理力爭。我知道未來的路上困難重重，除了自家親人之外，竟然還有人願意這樣為我無悔付出，實在讓我很感動。

重新振作打起精神，我決定回交大繼續念完博士學位，想證明自己只是失去視力，不是沒有能力，我可以和其他人做到一樣的事，只是稍微不方便罷了。我同時決定不再看已失去的部分，而是全力發揮自身還擁有的部分。

她用生命告訴我的事

回到交大念研究所之後，和淑琪姐見面的次數愈來愈少，偶爾打電話問候她，另一端總是傳來酷酷的聲音說：「我很忙，沒事不要找我。」

有些媒體採訪報導提到我把淑琪姐視為生命中的貴人，坦白說，她更像是我的知心好友。每個人的朋友都有很多種，淑琪姐是那種雖然不常連絡，如果發生天災地變，會是第一個想打電話確認平安的人。

準備博士論文口試前夕，難得接到淑琪姐的來電：「小甘，我要去美國一趟，有些話想先跟你說。」電話那一頭的聲音聽起來有點虛弱，不太像淑琪姐平時講話的高亢語調，我卻沒察覺出異狀。

「美國我很熟，妳要去哪一州？」聽到淑琪姐要出遠門，我興高采烈地向她介紹有哪些好吃的東西和好玩的地方。

她的回應顯得有些意興闌珊，我稍微感到一絲不安，還是沒多做他想，接著她語重心長地說：「小甘，你是有能力的，我不會看走眼。要相信自己，把你想做的、應該做的，趕快去完成；盡可能幫助別人、影響更多人，過程可能會很辛苦、很挫折，也可能遭人誤解或曲解原意，但你知道自己做的是對的事情，就不要猶豫，放手去做，因為你的堅持與努力、你做的事情可能改變那些已成為或正成為障礙者的一生。」

這些正經八百的話實在不太像是我認識的淑琪姐會說的，不過我正忙著完成博士論文，也沒有多問幾句，卻沒忘記在電話最後主動邀請她參加我的畢業典禮，淑琪姐卻不置可否。

晚上回到宿舍後，在電話中和家人談到淑琪姐講的話，他們感覺聽起來有種傳承的意味；第一時間我沒想那麼多，卻隱約感覺可能出了什麼事。情急之下，去追問淑琪姐的幾位好朋友，他們都不肯透露任何訊息，然而紙終究包不住火，後來輾轉得知她罹患大腸癌末期，先前騙我說要去美國，其實是為了動手術。手術後，許多友人想去探望，但她誰都不肯見。

我氣她為什麼打電話時沒告訴我她生病了，也氣她明明就是直率的人，卻故意隱瞞病情，只為了讓我專心準備博士學位口試。即使我嘴上說著氣惱，但心裡惦記更甚，耐不住著急，從新竹直奔回台北，總算找到她了。

推開咖啡店大門，不等人上前招呼，我立刻大喊淑琪姐的名字，傳來她一貫平淡的聲音：「你來幹嘛，不是快要口試了？」

「妳在做什麼？」

「我在插花啊！」還是一派從容，除了聲音有氣無力之外，就像沒發生任何事情一樣。

我此時已恢復自信，不再處於身心低落的狀態，心想這時應該換我來鼓舞她了。「我們說好的，妳要來參加我的畢業典禮。」

「沒空啦，我很忙！」

「新竹是有點遠，妳不來也沒關係，等我畢業回台北，請妳吃豪華素食大餐。」（我當時吃全素，淑琪姐卻是個無肉不歡的人。）

No.1 在一旁幫腔：「小甘這麼有誠意，我們就去吧。」

「有炸雞排嗎？」到這個節骨眼，淑琪姐似乎已經放棄康復的希望了。

我有感而發：「妳是我的偶像，叫我不要只看失去部分的是妳，叫我堅持下去的也是妳，妳絕對不能變得和當初的我一樣。」

「小甘，我本來以為失明是最可怕的，等到可以行動自如、開開心心地繼續生活，認為自己已經無所畏懼了，但此時此刻才理解真正可怕的是死亡。」

總是搶先一步的淑琪姐，又升級到另一個境界了，我才突破失明的困境，她卻已面臨死亡的威脅。我不知該如何勸慰，只好故做輕鬆地說：「不論在天上人間，我們一定會再相見的。」

沒想到再次見面已是天人永隔，而我沒來得及道別。

《生命自主》一書的作者中村仁一曾說：「每個人的死亡率都是百分之百，只是通常無法知道何時會死而已，換句話說，活著的我們不過是尚未被處決的死刑犯。」而這「絕對死刑」的執行時間及方式，不論我們有多麼不捨得、多麼不願意，還是無法翻轉既定的天命。

距離前次見面不久，淑琪姐就住進安寧病房，沒幾天就離開人世了。因為視障，她無法覺察自己身體狀況的徵兆（例如，血便），又太愛吃油炸食物，最後因不斷嘔吐才到醫院做檢查，但為時已晚，發現時病情已惡化到大腸癌末期了。

淑琪姐過世那天，大家擔心影響我即將畢業的心情，沒有在第一時間通知我。她的告別式在畢業典禮過後，我刻意帶著博士班畢業證書和仲瑜一起去送她最後一程。明明是炎熱的夏季，當天卻飄著毛毛細雨，告別式在一間小教堂舉辦，因淑琪姐過世前正式受洗成為基督徒，或許宗教的力量足以支撐她平靜地面對生命的終點吧！

許多受過淑琪姐幫助的朋友都特地前來弔唁，仲瑜告訴我靈柩上方放了一幅很大的自畫像，畫像中的淑琪姐看起來非常溫柔婉約，我微微一笑，心想這太不符合她的形象了。我走到靈柩前，在她面前放上鮮花，拿出被雨打溼的畢業證書，說：「淑琪姐，我畢業了！記得喔，我欠妳一頓素食大餐。我們一定會再見面，妳先去另一個世界幫我探路吧。」

我和淑琪姐的接觸只有短暫又密切的一年，我相信自己會遇到她是有原因的。身邊的朋友大多和我的年齡層差不多，但我真的很高興此生能認識淑琪姐，建立一段忘年之交。過去三十幾年的人生中，很難有機會遇到這麼一位直來直往又真性情的人，用年輕人慣用的語彙來說，就是一個「酷斃了」的人。

她從來不直接告訴我應該做些什麼，而是以身作則地做給我看，無形中似乎在我身上埋下了一顆希望的種子，隨著我的能力逐漸茁壯、生長、繁衍，或許終有一天得以蔚然成林。

「你是有能力的，我不會看走眼……」因著淑琪姐最後的叮嚀，至今我仍然奉行只要時間許可、能力做得到，任何事都會盡力而為。

離開教堂之前，No.1交給我一個隨身碟，說是淑琪姐留給我的。直到現在還沒有打開看裡面的檔案，我知道其中一定有某些重要的訊息，或許是她一貫開玩笑的口吻：「小甘，素食不好吃，還是炸雞排比較好吃啦！」也或者是「小甘，你一定有聽我的話，正忙著幫助視障者吧！謝謝你，請好好照顧自己。」

淑琪姐的咖啡店隨後頂讓變成二手書店，她妹妹還是在後面從事按摩工作。儘管景物依舊，人事已非，我無法再吃到她的無菜單隨意料理，也聽不到空間中迴盪的爽朗笑聲了……

Part 4

歸零後重新出發——學習自理生活

我們對家人擁有最多的愛，卻也最少把愛說出口。我曾哭著向母親道歉：「對不起，我沒有把自己照顧好，變成大家的負擔。」不論我有多抱歉，事已至此，從今而後，「把自己照顧好」成了我的人生最重要的「ＫＰＩ[2]」。

2 關鍵績效指標（Key Performance Indicators，簡稱ＫＰＩ）是指衡量管理工作成效最重要的指標，是數據化管理工具，必須是客觀、可衡量的，可協助優化表現，並規劃願景。

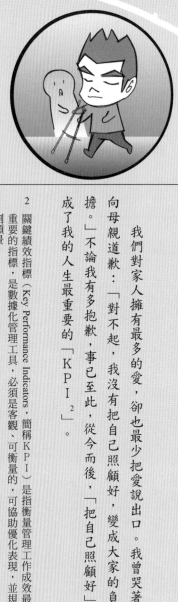

真正接受了不論再動幾次手術都無法挽回我的雙眼的事實之後，我要活下去，就得下定決心重新面對生活。首先得試著走出舒適圈的自家範圍，然而平安出門、平安回家再也不是倚靠本能就能完成的簡單事，視障者必須學會包括室內與戶外的定向技能，才能擁有流暢自如的行動力。

既然決定重建各種生活能力，我開始積極在網路上搜尋定向能力的訓練機構，也到一些視障者協助單位學習基本的生活技能，嘗試了幾個不同的機構後，最後決定到定向行動協會(mibility specialist)學習定向課程，定向行動訓練師（簡稱定向師）是一對一的指導，因此選擇定向師就像選擇交往對象一樣，需要經過一段適應與磨合的過程。

定向師必須通過專業認證，配合不同學生設計個別化教學，使其能夠很熟練、很安全、很有自信地獨立行走於熟悉與陌生環境之中。若經過一段時間的訓練課程，視障者仍然無法順利適應某位定向師的指導方式，可以申請更換另一位定向師。

更換定向師不是否定其專業能力，而是每個視障者對學習的領悟及吸收狀況不盡相同，而定向訓練攸關視障者行動的安全性，因此選擇一位能配合學習步調與理解需求的定向師是非常重要的。

室內定向是第一步

一般人置身屋內時，除了玻璃窗或落地窗的陽光照射需要顧慮遮陽效果以外，對於哪一面牆是東方，哪一面是南方，應該不會太在意；但對視障者來說，配合行動必須在腦袋裡建構一套立體的空間地圖，因此方位的判別就變得相對重要。

我被分配到的定向師是陳淑惠老師，一開始學習室內定向時，陳老師把我帶進室內，舉起我的右手放在門把上，然後說：「現在你身後是南牆，牆上有扇窗戶，窗子上裝有窗簾；你的左方是西牆，牆上有幅畫……」從四面牆開始描述，接著由外而內繼續描述空間中的哪個位置有家具、擺飾等，然後我像吸塵器機器人一般，不斷用手觸摸空間的邊界，設法記下每面牆上能夠幫助記憶的物體，例如門把、畫作、窗簾等。

等我慢慢習慣空間方位及物品所在位置之後，老師會把我帶到牆邊，然後讓我不斷轉圈，轉得暈頭轉向；接著要我設法找出掛著畫作的西牆，這個訓練是為了讓我能靠自己的力量去辨識方向。聽到指令後，我一邊摸著牆，一邊慢慢探索，如果摸到畫作之外的辨識物品，就在腦海中利用刪去法先判斷該物品所在的牆面，就能因此找到西牆的相對應位置。

大約經過一、兩週之後，我就學會了室內定向的方法，但這項訓練的前提必須是室內陳設物體沒有任何移動的狀態下。當時我和家人住在一起，他們有時會忘記將使用過的物品歸回原位，我就找不到了；或是忘記將座椅推進桌下收好，我就會不慎撞上。現在我搬出來自己住，雖然很熟悉家中每個物品擺放的位置，但有時一恍神，還是會忘記自己所在的方位，這時就需要有一套認知辨識的方法。

我自己是利用聲音來定位，例如，刻意讓家裡某個角落一直保持細微的聲音，好讓自己能判斷相對位置；同時利用手機與音響喇叭連線，只要按一下手機播放鍵，喇叭就會發出聲音，透過聲音可以判斷喇叭位於自己的哪個方向，以及距離、位置等，這個原理就好比蝙蝠發出超音波以辨別方位一般。其實辨別方位的方法有很多種，端看自己有沒有辦法靜下心來感受其中細微的差異處。

學習室內定向不僅是為了幫助視障者在屋子裡行動自如，也同時提升我們的基本辨位能力，以及行動的自信心，讓我們願意敞開心胸，有勇氣走出戶外。

勇敢拿起白手杖，學走路

有不少視障者非常抗拒出門，從早到晚整天窩在家中，幾乎不見天日。為什麼呢？一來出門必須克服置身公共空間缺乏安全感的恐懼，二來走出戶外得克服自己的心理障礙，學會使用白手杖。

手杖不像一般人以為的只是一根棒子或枴杖，其實手杖從長短、材質到顏色都有不同的選擇，對視障者而言，手杖不僅是手的延伸，更是眼睛的替代品，利用手杖探索前方行進道路的狀況，以彌補無法以視力判斷路況的缺憾。

手杖長度最好是剛好到使用者的胸部，不過有些人很熟練手杖的使用，走路速度較快，就會選擇長一點的手杖，以探測更遠的距離。我認識一位個子嬌小的視障者，手杖長度幾乎和她的身高一樣。視障者走路的速度愈快，危險性就愈高，行進間還是必須隨時留意路況才能即時反應，避免發生危險。

市面上常見的手杖材質大多以金屬為主，我最初也選擇使用金屬手杖，雖然比較耐用，但因一開始不太懂得使力的技巧，拿手杖的時間太久，手腕會痠痛；所幸現已有輔具廠商開發出較輕的材質，如鋁合金或玻璃纖維製造的手杖。另有一種材質偏軟、有彈性的手杖，主要是提供給弱視者使用的。

一支手杖的本體通常有三段顏色，分別是黑色握把、白色杖身、紅色末段，其中長度比例最大的白色杖身有反光效果，在光線不夠明亮的地方行進可增加安全性，因此一般通稱視障者使用的手杖為「白手杖」。

目前我使用的是折疊式手杖，一根手杖分成數節連接起來，每一節之間都可以拉開摺疊，不僅材質輕，末端的杖尖也可替換成滾輪，方便探測時左右滑動，不必一直使用左右點擊的方式；滾輪不僅方便滑動，也可直接而持續地觸及地面，讓我更清楚地感覺到路面平坦與否。

「兩點法」是大家最常看到視障者使用的杖法，此法是利用手杖延伸手肘，分別在身體的左右前方輕觸地面檢測路況。上下樓梯則改用拳握，將手杖豎直擺在身體前方，上樓梯時，稍微抬高的手杖會先碰到上一階，視障者就能判斷階梯的間距寬度；下樓梯時，手杖則要放得比腳更低。

我自己一開始練習時不太適應，上樓時，總覺得已經走了好多階，怎麼還沒到頂；下樓梯則有種不確定感，深怕一腳踩空會整個人摔下去。台北市區內有些階梯鋪設有黃色防滑塑膠條，走在上面與鞋底會產生摩擦力，視障者也可以據此判斷樓梯還沒走完。

花了些篇幅詳細說明視障者使用白手杖的方法，也許對您來說，不具有任何實用意義，但我希望能讓更多人因了解而理解，在路上遇見視障者行進時，對他們的手杖偶爾無心的碰觸，能夠更加寬容以對。

◆跌倒，再爬起來就好了

學會使用手杖之後，接下來就是戶外路線的實際演練了。室外定向不是學會了就可以隨心所欲地到處爬爬走，主要目的是協助視障者能夠在日常必經路線上安全地行走。

專業定向師必須是明眼人。當我告知陳老師平時固定走的路線後，她會先按照我的路線實際走一遍，例如，我常去A、B、C三個地點，定向師會協助將這三個地點串連起來，規劃出一條路線，記下沿途動線與周遭環境，並尋找特定標的便於讓我記憶。

記憶的標的有可能是聲音，如便利商店電動門開啟的叮咚聲響；也可能是氣味，如麵包店的烘焙香氣；或是固定物體，如紅綠燈、電線桿等，但絕不會是垃圾桶等隨時可能被移動位置的物體。

規劃好路線後，陳老師再和我一起討論是否可行，甚至有些認真仔細的定向師會在確認路線後，戴上眼罩親自走一趟，實際測試記憶標的或行走動線是否有需要調整之處。

有別於室內定向的固定狀態，室外定向遇到的不確定因素與障礙更多，突發狀況來得更快，常會使視障者來不及反應。

室外定向按使用者需求可分為近程與遠程。近程大多是住家附近的生活圈，比如到附近便利商店或餐廳店家，這部分的難度不高。較困難的是遠程定向，學習重點是如何轉乘大眾運輸工具。

有的視障者單獨出門的目標點只限於住家附近，如果要到較遠的地方則有賴於他人協助；也有些自主意識較高的視障者如我，會希望遠一點的地方也能夠獨自前往。

當時我學習的路線之一是從林口的家到內湖的三總就醫，反覆練習如何搭公車轉捷運，如何從公車站下車後走到捷運站，短短一段路都可能遇到許多困難，例如，公車專用道停靠地點每次都不太一樣，有時候在公車站前端，有時候在後端，然而公車站又沒有氣味或聲音等資訊可供判斷斑馬線在左右哪一邊，因此下車後，我會先利用手杖探測，假如沒有碰到候車座椅或路線看板等固定物，表示我的位置在停靠站後端，必須往前走到向下斜坡，而斑馬線就位於斜坡下方。

訓練課程結束後會有正式的盲測，陳老師要求我按照平常練習的路線實地走一遍，她則跟在一旁考核我的每一個動作，並隨時注意我的安全，以確認我是否真的有辦法獨力完成整段路線的行進。

測試時，若不小心犯了非常嚴重、危及安全的錯誤，例如，未準確判斷車流聲，導致在不該通行的時間點走到馬路上，老師會立刻出聲制止。沒通過考核的結果是得重新訓練，直到通過測試才能單獨上路。

我通過盲測考核後，第一次自信滿滿地出門，想到附近的便利商店買東西，而行進的路線上剛好有路面施工，工人僅在工地前後兩端放置幾個警示三角錐，沒有把施工範圍整個圈圍起來，好巧不巧我正好穿過兩個三角錐中間，一腳踩空，直接跌進深及腰部的洞裡，手腳因此挫傷，痛得大叫，一旁的工人聽到慘叫聲，急忙衝過來把我抱出來。經過這次受傷事件，我還是不肯放棄獨自出門的機會，我也知道家人因為不放心，常常偷偷尾隨在我身後。

我去三總就醫來回一趟要耗掉一整天，而且經常傷痕累累地回家，不是腳不小心踢到東西跌倒瘀血，就是不慎被摩托車或腳踏車撞到擦傷。即使每次出門都像一場大考驗，但我還是堅持一個人外出，不僅可以培養自己的膽量，也能鍛鍊不畏艱難的心志。就像我媽媽一再告訴我：「跌倒，再爬起來就好了。」

◆意料之外狀況特別多

我有次敲著手杖往天橋方向前進，打算爬天橋過路口時，遇到一位很熱心的阿伯，他一把抓住我的手問：「少年耶，你要過馬路嗎？來！我帶你過去！」突然被意料之外的外力拉扯，我一時踉蹌，腳步差點沒踩穩，但在阿伯的牽引下，還是左搖右晃地到達對面路口了！

定向老師為視障者設定的行走路線，基於安全，一定以天橋和地下道為優先考量，而且雖然老師已將路線與記憶點規劃好，實際上還是會遇到很多突發狀況。視障者的想法和常人無異，有時也想直接走斑馬線穿越路口，以節省路程與時間；但走到路口要注意聆聽及判斷車流聲或引擎聲，聽到引擎怠速聲音表示車子停下來了，此時可以通過馬路。

但馬路如虎口，若遇到不守規矩、橫衝直撞的駕駛人，視障者幾乎完全沒有即時反應的能力。例如，有次聽到離我最近的機車引擎怠速聲，以為車子都停下來了，邁開步伐準備往前走，幸好身旁的路人急忙拉住我，一問之下才知道直行車仍是綠燈狀態，那輛機車的主人只是停在路邊抽菸。

室外定向至少要學習兩個月才能順利單獨出門，而且是走固定路線，每天都要持續練習，以便熟悉路上的各種狀況。一開始獨自行走時，我會刻意戴上帽子與墨鏡，不是因為害怕別人異樣的眼光，而是為了給自己多一層保護，避免撞到意料之外的物體而受傷。

比如，台灣很多店家會把攤子擺在騎樓上，我好幾次直接撞上他們的攤子，或是衣服勾到停在騎樓的機車或腳踏車握把，整個人瞬間往後傾倒。最常發生的情況是手杖歪打正著插到水溝蓋縫隙或腳踏車輪圈，因為不知道到底發生什麼事導致手杖卡住，只好死命地亂搖，結果反而愈卡愈緊，需要勞動旁人來幫忙解圍。

視障者出門受傷雖不能說是家常便飯，但也在所難免。我有次急著趕到某個地方，一時心急步伐太快，從樓梯上摔下來，手杖也直接飛出去，背部和腳踝因此扭傷了。即使如此，還是無法阻止我想出門的欲望，休息一週復原後，我繼續外出、繼續各種行程。雖然有人陪伴是最安全的，我弟弟仲瑜常擔任我的陪伴者，但還是會有需要單獨出門的時候，還是要學著靠自己多留意在外的一切狀況，才能盡量確保安全。

當我愈來愈熟悉室外定向的路線之後，逐漸可以流暢自在地走在路上，可能因為行為舉止不太像完全看不到的人，曾被不認識的路人罵過詐盲；不過也遇過有人偷偷塞錢到我手上，陌生人不明就裡的惡意或善意，有時真是讓人啼笑皆非。

若說我完全不在意別人的看法絕對是騙人的，畢竟我是從明眼人突然變成視障者，最初甚至沒有勇氣拿起手杖，寧願拿把雨傘代替，或是靠家人攙扶才能穩穩行走。儘管遇到過各種奇形怪狀的對待，我還是盡量以「不記風雨只記晴」的樂觀思維去看待這些際遇，既然我決定勇敢面對失明後的人生，坦然接受顯然是今後最適合的生活態度。

◆申請導盲犬的考量

申請導盲犬協助的視障者出門會比較安全，但就我所知，申請導盲犬的流程很長，而且導盲犬的身形大小也要配合視障者的體型高度；再者，視障者本身要有穩定的收入，才能負擔導盲犬的飼料費與照料費，另外居家空間必須夠大，視障者也要能自行清理導盲犬的大小便，以及擔負起幫牠梳毛、定時餵食等照顧工作。

我曾動念想申請導盲犬，但因當時沒有正職工作、收入不穩定而作罷。目前有申請導盲犬的視障者，大多是按摩師或街頭藝人之類收入較高的人。一隻導盲犬終身只服務一位視障者，其實是蠻神聖的，所以申請前要仔細考量自身能力是否可以負荷。

對於導盲犬的申請手續及資格等，有興趣進一步了解的朋友，請直接洽詢本書附錄的導盲犬協會，台灣北、中、南三地都有分會機構可提供服務諮詢。

獨立從一個人住開始

當我具備室內及室外定向能力後，試探性詢問想搬出去自己住，想當然耳立刻引來全家人意見一致的反對聲音。

「你有辦法照顧自己嗎？」

「眼睛看不見了，還要逞強。」

「如果是和仲瑜或朋友同住還可以考慮，一個人住絕對不行！」

全家人都擔心我沒有自理生活的能力，我當然了解他們的顧慮與擔憂。對我來說，和家人同住，不用自己張羅三餐，生活起居都有人照應，可是時日一久，很可能就此失去自立的能力。

我十五歲就到美國念高中，向來個性獨立，不願意自己長期成為家裡的負擔；加上已經完成定向訓練，獨自行動不是問題。經過再三保證，家人拗不過我的決心，只好勉強答應，但同時下了但書：如果發生什麼事，就得立刻搬回家。

我先上網找租屋，鎖定幾間符合我的經濟條件又距離看診醫院較近的房子後，請仲瑜或朋友先到現場幫我看看狀況。受限於預算不多，起初找到的大多是出租雅房，必須和其他房間的室友共用浴室與洗衣機等設備。雖然對我來說不是太大的問題，但其他室友不見得能夠理解或體諒我的狀況，為了避免不必要的麻煩與誤會，還是決定選擇套房或家庭式公寓比較適合。

後來在台北市找到一戶老國宅，雖然屋齡超過三十年，租金卻便宜許多。簽約之前，我先到屋內實際感受一下環境，覺得可以接受，隨後經仲瑜協助簽約（因視障者無法自己簽合約）。

搬家後不久，接連下了幾天大雨，屋內的天花板開始漏水，滴滴答答地落在我的床上，我趕緊打電話請房東過來一趟，他似乎早知道天花板有漏水問題，默默地幫我把床移到一旁，還說過幾天出太陽就沒事了，真的就像他講的，雨停了之後好像沒發生任何事一樣。

直到有次颱風來襲，屋外風狂雨驟，突然一聲轟隆巨響，我頭頂上的天花板整塊崩塌下來，大量雨水瞬間湧入室內，掉落的水泥碎塊甚至砸到我的眼鏡和頭部、肩膀，眼鏡因此斷裂成兩截，第一時間只感覺到疼痛，但不知道傷得多重，後來到醫院檢查才發現除了頭部外傷外，肩膀骨頭也受傷了。

我立刻請房東過來處理，房東太太一來竟然生氣地指責我把房子弄壞了，還尖酸刻薄地說：「以後不能把屋子租給殘障。」這幾句話實在讓我怒火中燒，顧不得禮貌大聲回嘴：「難道視障者就該被欺負？該被歧視？」幸好房東先生講理，坦承是他們的房子年久失修，表示願意負擔我的醫藥費。我當場拒絕了醫療賠償，並表明要解約，因為這時才真正意識到住屋安全的嚴重性。

匆匆搬離第一間租屋後，陸續又換了二個住所，原因不外乎漏水、缺電等。我慢慢體會到便宜又交通便利的房子大多有些問題，房東沒有因視障者身分而不肯租，圖的是趕緊把房子租出去；我也曾透過房仲業務員接洽租屋，不過房仲明白表示要找適合障礙者的居住環境有點難度。

我的租屋經驗和一般人差不多，只是判斷屋況時需要旁人的協助。若台灣能進步到規劃設計友善住宅，對障礙者會是很大的幫助。障礙者日常生活面對的困難較多，對居住環境的安全性需求比一般人更高，最好同時擁有出入的便利性，偏偏這樣的居住條件代表的是住房價格更高不可攀。

以前眼睛看得到，即使居住環境差一點（例如，舊社區騎樓高低不平或攤販林立、公用樓梯間堆放雜物、有上下坡路段或路邊違規停車等），也不覺得有太大問題；但看不到時，對居住環境的要求不得不相對提高，伴隨而來的卻是高房價或高租金，讓原本經濟條件可能不太好的弱勢族群更加無法負擔。現在大家都非常關心居住正義的議題，真心希望所謂的居住正義也能同時顧及障礙弱勢族群的需求。

與家人住的好處是隨時有人幫忙，但得適應及磨合所有人的生活習慣。畢竟他們不是障礙者，不容易時時刻刻顧慮到我的需求，比如，他們偶爾會忘記將用過的物品放回原位，就可能讓我找不到東西，只好直接開口問：「遙控器怎麼不見了？」他們隨口說：「在桌上！」一般人看似輕而易舉的事，但我要伸手摸好一陣子才找得到。又或者是他們沒有將拉出的椅子歸位，我就會撞到。

現在自己一個人住，我會先請房東將原有的家具全部清空搬走，室內障礙物愈少愈好，只留下必要的一張床和桌椅，因空間較大，心理感覺不受拘束，行動時更自在。另一個好處是我熟悉所有物品的位置，使用者也只有我，而我已經養成用過物品會即時歸位的習慣，不論是指甲刀或遙控器，以免下次使用時找不到。

不過百密偶爾也有一疏，我曾在做菜時，不小心弄掉醬油瓶蓋，圓形瓶蓋一下子不曉得滾到哪裡去了。這時怎麼辦呢？窮則變，變則通，改做紅燒菜式就可以把醬油一次用光囉！（墨鏡哥貼心小叮嚀：千萬不要買大瓶醬油，否則吃太鹹可能會有高血壓風險喔！）

視障者的生活裡一定會遭遇更多大大小小的困難事與挫折感，如果一遇到難題就不開心，對自己實在沒有任何好處，不妨轉個念頭，笑笑以對，日子反而可以過得輕鬆自在一些。對視障者來說，正向思維確實不容易做到，但改變心念是取決於自己的選擇。

累積了一定的生活重建與定向行動能力後，我第一件想達成的目標就是重回偏鄉導讀志工的行列，其實志工服務十二年一路走來，總覺得能付出一己之力、能與台積電志工社夥伴們一起上山陪伴在孩子們成長的歷程是幸福的。在我積極搶救眼睛的兩年之中，來自志工社B2組元老級的夥伴：辛sir、曹爸爸、明珠、中明、Judy、行健、敏釵、瑞娟、慧娟、蔡蔡姐姐等的關心不間斷，還有來自原民小朋友的加油打氣，彷彿在呼喚我準備好就回來吧！

這次我準備好了，我將圖文創作繪本記得滾瓜爛熟，就算書拿反了也可以倒背如流；甚至和小朋友分享我和仲瑜的圖文創作作品《停電了，別害怕》，他們聽得投入，回報以掌聲和笑聲。

因為這份悸動和感恩，我在台積電一年一度的志工大會上，用歌聲感謝這些年不辭辛勞、山上下海默默為孩子付出的夥伴們。台積電董事長夫人張淑芬女士認出了我，主動走到我身邊，輕輕在我的額頭上給了一個吻，並輕聲說：「孩子，你辛苦了，要加油。」她的吻、她的擁抱就像我的母親、就像這些志工夥伴、就像山上的孩子們，一直支持著我往下一步邁進。

美國作家莉莉・蒂珊 (Lily J. Tythan) 曾提出正向思維的訓練方法，在此和大家分享、互勉、共精進：

一、**停止抱怨**：這招知易行難，威爾・鮑溫 (Will Bowen) 在《不抱怨的世界》書中提出簡單的練習法：在手腕戴上一條手環或橡圈，一旦發現自己口出抱怨，就換戴到另一隻手腕上，當手環固定戴在同一隻手的時間愈久，就表示抱怨次數降低了。

二、**常懷感謝心**：我們活著的每一天都受到來自大自然與他人的各種恩惠，經常心懷感謝，往往能跳脫艱困時刻的負面思緒，發現值得慶幸的美好。

三、多愛自己：避免挑剔自己的弱點，盡量把注意力集中在優點上，看見自身的特別之處，更滿意自己的一切。

四、置身正向環境：結交個性開朗樂觀的朋友、聆聽愉悅的音樂、閱讀勵志書籍，長時間處於正向環境對保持正向思考有幫助。

五、關心別人：真心在乎他人感受能使彼此關係更友好，多幫助他人則會獲得心靈溫暖與喜悅的感覺。

六、接納過去：寬恕和接受過去的一切，能使心靈獲得真正的自由。

七、一切都是最好的安排：人生中遇到的機緣，不論好事或壞事都有其意義，也許無法當下明白其提示的道理，但總有一天會看到它的價值。

正向思考能讓自己不過度耽溺負面情緒而失去勇敢和信念，多練習這些方法可使我們更從容地面對挫敗與挑戰，邁向更積極快樂的人生。

找回生活自主權

◆靠聲音定位

我家有電視機，但功能類似裝飾品，平常大多用收音機收聽廣播。雖然電視也有聲音，但電視的配音不是用來解釋影像，而是與影像共構成內容；新聞節目可以用聽的，但戲劇節目只聽聲音很難掌握劇情發展，例如，劇中人物做了某個有趣的動作或表情，引起其他演員發笑，少了影像資訊，光聽聲音根本不知道是怎麼一回事。而廣播節目本來就沒有影像，為了讓聽眾了解，主持人和來賓自然而然會用口語補上影像描述。後面篇幅我會再仔細說明視障者如何透過口述影像「聽電影」。

我的收音機有內建語音播報功能，可以報讀時間、農民曆與剩餘電量等，尺寸類似年長者隨身攜帶的收音機。這類關懷輔具不僅方便視障者使用，對視力退化的老年人來說也很好用；唯一缺點是售價不便宜，大約要一、兩千元，其實它的構造原理很簡單，但使用者不多，相對售價高，如果產品更普及化，價格應該會降低。

我對目前居住的房屋室內空間算得上是瞭若指掌，但有時分心想事情還是不免會恍神，忘記自己在哪個位置。這時雖然可以透過室內定向訓練，靜下心仔細聽細微聲音（例如屋外車流聲），就可以辨認相對方位；但我想要有更省力省時的方式，也不想茫茫然地伸手四處探測，所以刻意在房間固定角落放置喇叭，只要用手機發出藍芽訊號，啟動喇叭發出聲音，就能幫助定位。

◆ 重學剪指甲

失去視力後，原本需要仰賴視覺完成的動作，變得有點困難，例如，剪指甲就是一件讓我頭痛的事。剪太淺，得剪很多次才能剪到理想的長度；或是沒有抓好距離，不小心剪到手指頭或腳趾頭的肉，痛得我哇哇大叫。

反覆練習幾次之後，我才慢慢抓到訣竅，先用大拇指碰觸要修剪指甲的那根指頭，判斷指甲深淺，再感受指甲刀和指頭貼合的程度，現在已經熟能生巧，剪到受傷的機會大幅降低了，雖然還是沒辦法修剪得很漂亮，但小細節就不吹毛求疵了。

有些視障朋友選擇用指甲剉刀慢慢磨短，慢工出細活可以把指甲的弧形修得很漂亮，只是得花多一點時間。

◆辨識衣服顏色

隨著出門意願愈來愈高，我恢復了以往重視打扮的習性，堆積在衣櫥的衣服又有機會重見天日。服裝款式及衣料材質可以透過觸覺分辨，如上衣或褲子、長短袖等，如果是有圖案的衣服，我通常會挑選圖案面積大、容易辨識的衣服。而無法靠觸覺分辨顏色成為穿搭的難題，我的做法是利用在領口或內裡標籤做記號的方式區分不同顏色的衣物，例如在藍色衣服背標右邊剪掉一個截角；但最好不要憑著有做記號辨別，就各種顏色都隨意買，不然忘記分類方式或記號重複就判斷失準了。

我聽過某些女性視障者會使用在衣角縫上鈕扣當作辨識顏色的記號，鈕扣數量代表不同的顏色，不過鈕扣在洗衣服時容易脫落，若沒發現掉了一顆，可能錯將紅色衣服辨識為藍色，因此建議兩種辨識方法並行使用。只要找出自己習慣的方式，區分衣服的顏色通常不會有太大的問題。

我身為科技工程師，當然要懂得利用科技產品帶來的便利性，隨著智慧型手機的使用愈來愈普及，手機應用軟體已開發出可辨識顏色的ＡＰＰ，只要將手機鏡頭直接在衣服上掃描一下，ＡＰＰ軟體會以語音說出顏色。如果科技產品能夠消弭我們的障礙困難，何樂而不為呢？

但依我個人的使用經驗，如果衣服上的顏色太複雜，或是有圖案、花樣，ＡＰＰ很可能無法正確辨識，再者，沒有網路連線時也無法使用，所以最好先學會基本的人工辨識法，再使用這些科技輔助產品，否則一旦智慧型手機故障出問題，就什麼事都做不了了，豈不是成了另一種障礙！

◆動手做料理

由於不想當三餐老是在外的「老外」，加上我在美國念書時，為了節省伙食費（除了速食之外，其他餐飲頗為昂貴），著實練就了一身好廚藝，因此三不五時還是喜歡自己動手做料理；但基於安全考量，在家烹煮食物時，我大多採用簡單的料理方式，如汆燙、涼拌，以及用電鍋蒸煮的料理，電鍋料理只要將食材清洗乾淨，放進鍋子裡，按下開關就可以了，這一招不論是用在蒸蛋或滷肉都很方便。而開瓦斯爐大火快炒的危險性較高，所以我盡量避免這種烹調方式。

我的家人曾要求做菜時盡量不要使用菜刀，以免不慎切傷手，我雖然一派輕鬆地說：「放心啦！我在美國天天做菜，就算把眼睛矇起來也沒問題！」不過從視覺為主的切菜動作，轉換到以觸覺為主卻讓我吃足苦頭。經過一再練習才摸索出訣竅，切菜時，我刻意將左手放在食材之上，不要完全貼近食材，指甲以四十五度角傾斜微彎，下刀時，刀刃會先碰到指甲，而手指頭順勢內縮，就可以順利向下切斷食材，同時不要太心急，一刀一刀慢慢切，就不太容易傷到手，動作熟練之後速度有可能會加快一些。

猶記得我第一次興高采烈地買了顆高麗菜準備料理，第一刀很順利地切下，等我用手指稍微將菜葉往前移，第二刀下去根本沒切到菜，卻直接切到手指。看來是我把事情想得太簡單了，少了視覺的協助，無法抓住距離感。簡單止血後，繼續拿起菜刀，但害怕再度不小心受傷，每一刀的速度就像慢動作播放般，大廚切菜時飛快的剁刀聲變成超級龜速的剁……剁……剁，半顆高麗菜足足切了十幾分鐘，儘管如此還是成功通過烹飪的第一關了。

至於判斷食物是否煮熟難度較大，我一開始常發生食物沒煮熟的情形，吃到沒熟的肉，第一時間當然覺得很沮喪，認為是眼睛看不見，所以無法判斷食物的熟度；但轉個念頭一想：既然都願意花時間為自己煮東西了，沒煮熟，再加熱一次就好了。學著用放輕鬆的心態來看待烹飪這件事，避免製造無謂的壓力。

◆繳納帳單、領薪水

很多人可能不知道中華郵政公司在全台灣有三十九台無障礙提款機（台灣有三百六十八個鄉鎮區，平均九・五個區域只有一台），方便視障者自行操作提款。我們的視覺希望協會人員積極和金管會官員連繫，希望可以推動金融無歧視的環境，增加視障者可以操作的自動存提款機數量。

無障礙提款機和一般提款機的差異是具有點字鍵盤、語音功能，視障者只要將耳機插入耳機孔，螢幕顯示就會關閉（避免旁人偷看），接著機器會報讀所有的功能選項。因為多了這些功能，無障礙提款機的造價不菲，因此不普及，但無障礙提款機同樣適用於非障礙者。

下次您在提款時不妨留意一下提款機的鍵盤（不過現有很多提款機

改成觸控式螢幕了），數字鍵的5有個小凸點，作為鍵盤中心點以利辨識，確認鍵旁有○記號、取消鍵旁有個×記號、修改鍵旁則是＜的符號。

我都是自己繳信用卡或水電費帳單，卻不喜歡透過自動扣繳，還是習慣等收到電子帳單，聽過確認金額後，再透過網路轉帳繳款，不過首次設定網路銀行時，還是要請明眼的親人朋友幫忙。

奇妙的感官障礙覺

接受了看不見的事實，我也開始透過身上其他感官彌補對周遭環境的認知與判斷，就像聲音可以讓我知道很多事情。比如，和家人同住時，我坐在客廳聽見媽媽在廚房炒菜的聲音，當翻動鍋鏟的頻率愈來愈快，就知道快到晚餐時間了，果然過不久，下了班的哥哥、嫂嫂就陸續回到家了。

自從學會室內定向之後，其他感官變得更加敏銳。站在落地窗前，皮膚可以感受到灑進屋內陽光暖暖的溫度，或是聽見屋外的車流聲，可以協助判斷室內相對的方位。我也學著記憶身邊的人的腳步聲，每個人走路的習慣不同，有人的腳步很快，有人的腳步像貓一樣輕盈。我有幾次玩心大發，刻意捉弄旁人，聽到某人的腳步聲靠近時，立刻大喊他的名字，對方會被嚇一跳說：「你不是看不見嗎？」

聲音的資訊能補足視覺的不足，經驗的累積則可以讓我做出與常人無異的判斷。

而「障礙覺」則是視障朋友常有的獨特感覺，例如，靠近某些物體或是有人逼近身邊，就會感受到某種壓迫感。我自己曾有特別的經驗：有天在中廣參加錄音節目，開播前照例先和主持人、企製打招呼，但總感覺現場有個人沒打到招呼，我試探性地詢問：「請問錄音室裡是否還有其他人？」他們都說沒有，我只好趕緊轉移話題。

而我只要身體感到不舒服，過不了多久就發生地震，我沒辦法確定是哪個方位或震度，但就是會有特殊的感覺——耳朵受到干擾，感到悶悶的，但不是耳鳴的嗡嗡聲，比較像是一種壓力變化，感覺會持續數秒，而且前耳和後耳不同，當我試著判斷方位並轉向時；不舒服的程度也有所不同，似乎和地震的強度有關。自從看不到之後，大部分日常活動都依賴聽覺，因此耳朵的聽力變得更敏感。

我有次感到不舒服時，即時在臉書粉絲頁發文：「請注意，可能要有地震了。」幾乎每次都準確命中，許多粉絲感到十分驚訝，忍不住留言：「墨鏡哥，你怎麼會知道？」、「你是蚯蚓嗎？」我講這些不是想證明自己有特異功能，或是故意怪力亂神，只是分享親身體驗給大家。或許這是我們身上與生俱來的某種能力，只是一般人不懂得如何開發以及感應這種能力，而我因為喪失了視覺，從而喚醒了身體的某種能力也不無可能。

Part 5

看見視障者需求——那些不必放棄的事

每個人都是帶著使命來到人間的，無論他多麼平凡渺小，多麼微不足道，總有一個角落將他擱置，總有一個人需要他的存在。～林徽因台灣有一百六十幾所大學院校，卻沒有一所專門因應視障生需求，當然入學的學生之中可能有弱視的同學，學校會提供掃描器、放大器等輔助設備；可是像我這種全盲的學生，對交通大學來說是首例。為了完成博士班課程，我先到管理學院詢問如何辦理復學。

我是在博士班學籍期間從非障礙生變成障礙生，申請復讀博士班之初遇到不少問題。學院請資管所召開所務會議，所長在會議上表示：學校以往沒有這種先例，加上交大沒有足夠的資源協助視障學生，希望我重新仔細考慮復學申請之事。面對系所遲疑的回覆，我心知肚明這是軟性勸退，也明白在看不見的情況下，自己無法像一般研究生讀報告、做實驗，而且原先的指導教授在我接受眼睛治療期間已退休，於是我成了所謂的「流浪博士生」。

復學博士班，苦等一年

我不死心、不放棄，轉向學校資源教室詢問是否有什麼辦法可以讓我復學。交大不是視障專責學校，仍設有資源教室（大專院校以下學制稱為特教班），身心障礙學生入學可以到資源教室申請協助，特教老師會依照個別學生需求，申請上課用輔具或協助和系所協調、設計課程。特教老師隸屬於資源教室，需要特教學科修業資格，才有能力處理障礙生的學習問題。

可是資源教室的特教老師職缺大多是一年一聘，流動率高，對科系課程及研究流程也不熟悉，根本不知道要如何幫助我，與特教老師的討論溝通過程中，曾發生不少不愉快與衝突。我主動表達自己需要的協助是什麼，但對方不是回覆不清楚，就是說會再進一步討論。我無法理解為何校方的資源教室不支持視障學生復學，甚至質疑我已經失明了還如此強烈地想要繼續念完學位的理由是什麼。

難道學生在就學期間發生或成為任何一種形式的障礙，就應該放棄學習的權利？或已具備的知識能力？我不是有受教權嗎？我的學籍仍然有效，卻好像已被拒於校門外了。

這一年中請復學的過程中，我深刻體會到原有教育體制下的特教資源有多麼封閉、資訊有多麼不流通，當時交大附近的清華大學擁有較完善的特教資源，時任校長的李家同教授在美國的指導教授就是視障者，所以擔任清大校長期間致力推動一連串視障友善的政策。可是我卻沒有從交大的資源教室得知這些資訊，而是透過我自己和家人、加上協會朋友幫忙，從零開始，一點一滴蒐集資料，串起這些資源。

每當事情有了進展，我就找機會與資源教室對話，但幾乎是偏單向溝通，也就是我說明而他們聽，復學這件事演變成我得去說服他們自己可以做到，請給我機會完成學業。

各大學的特教資源分配不均也是問題之一。教育部編列的特教預算主要集中在彰化師範大學與淡江大學，其中以淡江大學、輔仁大學、清華大學對視障生的照顧最妥善。淡江大學一九六九年開始提供中文系名額給視障生就讀，並成立「盲生課業及生活輔導小組」（二〇一四年改為盲生資源中心）；教育部也固定提撥經費，協助製作點字書以及將教科書轉成有聲讀物。

學校系所不太願意接受我復讀的主要原因，應該是認為研究生撰寫論文需要大量閱讀期刊資料，但我看不到，根本無法「讀」，如果我能證明自己有辦法和未失明之前一樣做好專題研究，他們應該就不會有異議了。

我不會使用點字系統，不是因為學不會。先天失明的障礙者受教育之初就開始學習點字，早就習慣使用點字符號，而我們這些中途失明者對文字字形已有完整概念，從頭開始學點字太耗時，也不實際；所以我開始鑽研如何使用螢幕報讀軟體，但報讀軟體只解決了一半的問題，資訊類期刊文章除了文字以外，還有大量表格、圖形與數學公式等，而報讀軟體無法辨識這些圖表資料，只能依靠視力協助員口述給我聽。

我一方面花時間練習操作螢幕報讀軟體，另一方面蒐集可以申請到的特教資源，每天忙進忙出，不知不覺間就過了一年。我有自信準備妥當，決定再次向系所提出復學申請。約好了日期，我和社福團體、資源教室老師一起參加所務會議，我在會議中備妥設備，向教授們展示透過電腦報讀聽到期刊論文內容，並示範如何使用語音輸入方式撰寫報告。

示範完畢後，一顆心七上八下地等著教授們發表意見，他們的意見是分歧的，有些教授可能認為像我這樣的視障生復學是想博取同情，以為障礙生的身分可以順利畢業，拿到博士學位；也有老師不免提出質疑：「你連走進教室都需要有人攙扶，怎麼有辦法念書、做研究？」這些看似刁難的問題，正好足以讓教授們實際了解我是如何一一克服困難的。我理解他們是基於為學術水準把關的職責，但我不需要特別通融，也沒要求特殊對待，只希望他們給我機會把學業完成。

我在台積電和 Yahoo 奇摩任職期間，已把博士班課程全部修完了，也持續在學術期刊上發表研究論文，早已通過畢業門檻。難道只因為現在看不見了，過去我所做的一切努力就得付諸流水、不算數了？依我的立場與想法，學校應該考量的不是要不要給我復學，這根本不該是個問題，應該討論的是如何協助我更有效率地完成學業。

或許因為我的狀況無前例可循，校方一直在考量及關注該如何處理才妥當，我本來以為申請復學會得到積極的協助，卻反而遇到一連串的質疑與阻礙。不過正因史無前例，更需要加倍努力，如果我能順利復學，就能為未來的視障學生開創出一條平等接受教育的道路。

所務會議上，楊千老師與蔡銘箴老師率先發聲。楊老師說：「我在美國念書時，學校就有身心障礙的研究生。為什麼美國可以有這樣的例子，台灣卻不行？」蔡老師附和道：「我認識的一位台大學長，擔任教授職後也因失明導致教學一度中斷，後來仍然在學術上有穩定的貢獻。」

我的指導教授陳安斌老師也發聲了：「甘仲維不是已經親自示範研究的方式了嗎？雖然需要比別人多花一點時間，但學術品質沒有問題。

為什麼不行？」陳老師這段話讓我十分感動，沒錯！我不是做不到，只是要多花一點時間而已！

陳安斌老師的二姐陳銀雪博士罹患運動神經元疾病（俗稱「漸凍人症」）二十餘年，心智正常、意識清醒、感覺敏銳一如常人，堅持用全身唯一能動的左腳大拇趾操作電腦，奮力突破身體限制，寫出自傳《活出第十九層》，透過自身經歷激勵大家熱愛生命，並持續為弱勢團體發聲。因親人罹患罕見疾病，陳安斌老師對障礙者有更多同理心，不過他自始至終沒有主動向我提起這件事，而是偶然在研究室聽到學長姐的談話才得知的。

陳老師的言行讓我看到身為學者不只有做學問的深度，更有做人的高度。我曾問他為何願意當我的指導教授，他簡單地回答：「我覺得你很勇敢。」我其實沒有很勇敢，只是不解：為什麼因為看不到，回學校重拾書本就變成一件不可能的事？而他看到我的執著，願意拉我一把，我一直非常感謝他。

更因為他的肯定與同理，我開始透過演講機會讓無障礙概念、生命教育理念走入校園，希望帶領各專業領域的學生及老師重新思考以使用者需求為考量的設計初衷，落實 design with 而非 design for 的思維。

在陳安斌老師的影響下，我更堅定重返校園擔任教職及從事研究的信念，即便面對少子化及大專院校校園整併的衝擊，甚至是校方對障礙師資的認識不足等現實環境下，都絲毫不減投身教育的熱忱，畢竟從教育著手的預防、早療，更甚於彌補性的治療，不是嗎？

失去的是視力，而非知識能力

最後，所務會議做出決議要我再投稿一篇學術論文發表到國際期刊上，證明自己確實有做研究的能力，才可以復學。聽到這條但書，我只能像被交代了作業的學生，默默地點頭。原來這一年的努力並沒有真正獲得他們的肯定，我還是必須再次證明自己。幾個月後，我順利地在國際期刊上發表了一篇論文，教授們終於許可讓我重回學校。

為什麼因為看不到、聽不到或是年紀大的限制，就不得不放棄想做的某些事？我當然不是刻意挑戰體能的極限，但合乎一般常理的個人權益不該被任何人拒絕。我很清楚地知道雖然自己眼睛看不見，還是原來的那個甘仲維；但在別人眼中的我卻變成一個無能、無助的障礙者，例如，有些人和我講話時，音量會不自覺地提高，但我只是沒有視力，聽力完全沒問題，甚至比以前更靈敏。也就是說，這些人的腦海裡已形成對障礙者的刻板印象或誤解。

爭取研究所復學的過程中，我不免有種「眾人皆醉我獨醒」的孤獨感，百思不解的是為何這些明眼人只看見我失去視力的問題，卻對我仍擁有的知識能力視而不見。當我們習慣以視覺做為決定觀點的依據時，往往忽略了視野範圍是有局限的，而自從看不見之後，反而因此打開了心眼而讓我看得更遠。

現今的社會主流（包括政府單位）只看到占了八〇％人口的中間族

群，二〇%的弱勢族群往往因影響力不足，或沒有發聲管道而被忽略；大家似乎都還沒想到今天這些八〇%的人日後同樣會慢慢因老化而成為非主流的邊緣族群。以我現在的年紀本來也是身處八〇%的族群之中，卻因眼睛病變的意外，被劃歸到非主流的族群裡；但因此才發現被多數人視為理所當然的許多事情，對非主流的人來說，並不是那麼正常或合理。

博士班最後一學期，我每週往返新竹和台北之間，不斷地找資料、設計問卷、撰寫論文。因失明的契機，我將原定的博士論文題目改為無障礙研究，以行動化服務無障礙為主題，探討視覺障礙者使用智慧型行動裝置APP的發展。而陳老師在指導論文寫作時，給予我充分的發揮空間。

順利通過博士論文口試後，我成為台灣第一個在失明之後拿到資訊領域博士學位的人。

以往社會大眾普遍認知無障礙化只能應用在電腦軟體上，但我現在的工作型態幾乎已經很少整天坐在辦公桌前使用電腦了，大部分時間在開會或是與廠商接洽討論，智慧型行動裝置才是我最常使用的3C產品。如何發展無障礙化智慧型行動裝置，對我們來說，就成了相當重要的議題。現在國外已有不少學者積極探討如何制定軟體開發的規範，例如，聯合國資訊處積極研議針對不同行動裝置的社群平台與通訊軟體應該要符合哪些無障礙規章等。

◆招收障礙生的做法

我千辛萬苦地申請復學時，花了很多時間與精力才逐漸釐清相關規定，完全沒有人告訴我有哪些資源可以善加運用，學校也沒有主動告知可以申請特教需求鑑定；再者，學生也不可能自行決定跨校到有資源的學校就讀，應該是區域內的學校主動整合共享特教資源，以維護各校特教生的受教權益。

台灣的大專院校一旦有障礙學生入學，學校必須立即通報教育部，啟動「個別化支持計畫（ＩＳＰ）」（高中職以下則為「個別化教育計畫（ＩＥＰ）」），系所會收到來自教育部的行政指令，提供學習輔導、生活輔導、支持協助及諮詢服務，例如檢視課程是否需要客製化，或提供學習輔具的需求；如果該校沒有特教師資，教育部轄下的北中南各地區特教資源會就近提供協助。我們的視覺希望協會曾協助過一位成大視障生，成大雖有資源教室，但沒有視障專職師資，我們就替他申請台南大學的視障相關師資協助。

我在資策會工作時，有次到立法院參加諮詢會議，一位教育部官員告訴我對障礙學生有上述這些協助做法。而障礙學生怎麼可能有機會接觸到教育部官員，如果學校不主動告知，學生如何懂得申請ＩＳＰ？如果學校都不了解有哪些共享特教資源可以運用，學生又怎麼會知道要向誰尋求協助？

求學有障礙，求職更困難

我是從非障礙者變成障礙者，原本以為只要走出傷痛，未來的生活除了比較不方便之外，應該不至於有太大的問題；但連重回博士班念書都得不斷證明自己的能力，畢業後找工作時更是困難重重。

畢業前半年，我開始投遞履歷，也主動詢問過職訓局，結果收到的面試通知，大多是從事勞務性相關工作，其中之一是某家印刷廠，負責的工作是把印好的紙張折好裝進信封裡。原來政府有規定進用身心障礙者的標準定額，只要是超過一百人的公司，就要雇用身心障礙者。這份工作通常不會由專人負責，明顯是為了符合規定而設立的；而進用名額超過規定的比例，公司還可以拿到政府補助。

法令設立固然有其美意，但也有詭異之處，一是障礙者無法發揮所學或專長，公司則必須增設非必要性職務。再者，障礙者就業時永遠是領基本工資、一年一聘、沒有升遷機會。許多公司錄取障礙者只是為了符合進用身心障礙者的標準，這是多數障礙者求職時會面臨的狀況。

我最近參與一項視障產品檢測計畫，其中一位測試員是先天視障的研究生。我問他畢業後想做什麼工作，他說：「墨鏡哥，我想做類似現在這份工作，但所學的不是資訊相關科系，而是運動管理。」

我說：「那很好啊！現在台灣運動風氣很興盛，不論是健身房的教練或是私人的運動訓練員都很受歡迎。」

但他心知肚明自己沒什麼機會，「我應該找不到這一類的工作吧，如果從事按摩工作可以有穩定的收入，其他的就只能當作兼差了。」

我不禁感嘆受過高等教育的視障學生，求職之門竟是如此狹窄。運動管理是一門專業的學科，他能夠畢業取得學位，表示專業能力獲得肯定與證明，可是從雇主的角度考量到工作的風險，當然還是會優先雇用明眼人。職場很現實，也很殘酷，卻不得不承認這是常態。

其實無障礙檢測員是一份很合適視障者的工作，他們大多很能夠勝任，但目前產業需求量及發展規模還不夠大，縱使培養了一群相關檢測的人才，也沒有足夠的就業市場容納他們。

我不禁想問這些障礙生畢業後在哪裡工作？社福機構有沒有好好地追蹤？許多先天視障的人選擇從事按摩工作，而社會價值也普遍認知他們只能做按摩。我不是認為按摩工作不好，而是工作選擇性的問題，障礙者應該像一般人一樣有更多選擇機會，做自己有興趣的工作，但事實上，障礙者的工作選項往往少得可憐。

我真心呼籲政府相關部會多照顧障礙生，從學校開始培訓，畢業後能學以致用。我所謂的照顧不是指滿足障礙者所有的生活要求，而是給予對等的機會。目前有許多學校與企業強調產學合作，積極培訓符合職場需求的人才，障礙生是否也能得到同樣的機會呢？

我不是要求國家出錢養障礙者一輩子，而是試著提供釣竿以及產學的銜接，讓障礙者有改變的可能、有自立更生的機會，障礙者的工作表現不見得會比非障礙者差。也許有人會說：「我還不是自己找工作，政府也沒有幫我！」但現實是彼此的基準點不一樣，障礙者因為外在的障礙導致內在的能力無法完整地被看見。

◆災難新聞之後，難題真正開始

八仙樂園塵暴事件發生時，社會大眾全力關注，醫護系統傾力救治，但這些受傷學生日後重新回到學校，必須注入多少教育資源，才能讓他們繼續完成學業？以及就學時需要哪些協助？例如，有學生因嚴重燒傷導致手指頭黏在一起，未來可能需要一些輔具幫忙手部動作等。此外，他們畢業後的求職也是關鍵問題，攸關這些人未來的發展會怎樣，到目前為止，還沒看到相關人士開始探討這些議題。

二〇一六年農曆春節前發生台南大地震，震垮了維冠金龍大樓，救難人員不眠不休拚命從斷垣殘壁中搶救生還者，許多倖存者被壓在瓦礫堆下的時間太長，必須立即截肢才能保住性命。拯救生命固然可貴，但他們回歸日常後的日子怎麼過更是重要，這些都是我們無法規避的問題。

一般人不容易持續關注新聞後續發生的問題，而我成為障礙者之後，更在意的是災難事件背後需要長時間關注的重要議題。童話故事裡，王子與公主最後結成連理，但故事結局之後，才是現實的開始。

感傷新聞事件之餘，如何將關懷化為永續的力量才是重點。這不只是攸關少數障礙者的事，你我終究有一天也可能因意外或老化面臨障礙不便的狀況，活得愈久、年紀愈大，愈有可能必須面對類似情況。只不過行動便利的多數人現正處於危機意識最低的時期，就和失明前的我一樣；而我甘冒不諱，以直白的語言點出這些看似不中聽的未來，真的是期望社會上的每個人和政府官員都能正視這些問題，預作綢繆地規劃出完善的障礙政策機制，防患於未然。

看不見仍然可以大聲唱

就醫看診的那段期間，我不是去醫院就是躲在房間裡，為了打發多到不知如何是好的時間，開始抱著吉他哼哼唱唱，竟然玩出興趣，也嘗試自己作曲；但我畢竟不是音樂科班出身，而仲瑜讀大學時曾組過樂團，向他討教了不少彈唱技巧。與淑琪姐聊到音樂時，她也非常鼓勵我唱歌，但當時只把這個想法藏在心裡，並沒有進一步行動。

直到博士班快畢業前，偶然得知HOT全國大專院校創作比賽，我決定報名參加，以此為學生生涯畫下完美的句點，也算是紀念這一段求學的日子。我特地為參加比賽創作了一曲〈幸福的模樣〉，這首歌後來被華視電視台買下成為節目主題曲。

我請朋友幫忙介紹演奏樂手，一開始我們先透過網路聯絡、討論，其他人只知道我是交大博士生。第一次見面時，他們發現我的眼睛看不見，當場嚇了一大跳，對我想組團參賽感到不可思議。這些人大多是音樂系學生，分別演奏吉他、貝斯、鋼琴、小提琴，還有一位鼓手，其中一位是交大學弟。雖然他們各有所屬樂團，在我的「號召」之下，答應組成新團，為了表示認真看待此舉，特地取了團名——W.C.D.B.（廁所資料庫）。

比賽前密集訓練，其他團員們都有各自拿手的樂器，我只好擔任主唱。選曲時，我厚著臉皮毛遂自薦，希望能演唱我的創作歌曲；他們沒有因為我非音樂專業而否定提議，反而一致表示贊同。比賽結果出乎意外，我們的樂團竟然入圍決賽，雖然沒有拿下冠軍，但短期成軍能有如此成績，大家還是玩得很開心。

儘管唱歌與我的專業沒什麼交集，但組團練唱的過程中，我體會到做一件沒有壓力、很享受的事是快樂的，以前汲汲營營於念書和工作，從沒想過有機會站上舞台。現在我們幾位樂團成員鮮少有機會相聚，我內心卻時時刻刻感謝著他們給我機會跨越障礙，站在人群前演唱自己寫的歌。

二〇一五年，江美琪在台北舉辦面具演唱會，樂團的朋友們問我要不要去聽。

「當然好，我那麼喜歡她。」

「太好了！那我們一起去。」他們齊聲附和。

當晚演唱會現場，台上的江美琪突然對著全部觀眾詢問：「甘先生？現場有沒有一位……甘先生？」

我對身旁的朋友說：「有沒有這麼巧？姓甘的很少耶！」我以為江美琪喊的是同姓的另一個人，後來她又呼喊一次：「甘仲維先生？」我的朋友開始在一旁鼓噪。

原來他們幾個在江美琪的臉書上留言，告訴小美我很欣賞她，希望請她在演唱會上和我打聲招呼，沒想到江美琪不但喊出了我的名字，還邀我上台一起合唱，我既驚恐又興奮。當時腦中一片空白，在朋友的引領下走上台，江美琪很熱情地和我打招呼，而我緊張得滿頭大汗。她貼心地主動問我想合唱哪一首歌，我好不容易擠出幾個字：「我想唱〈親愛的，你怎麼不在我身邊〉。」小美不忘幽默地回話：「我就在你身邊啊！」

想看我當時緊張唱歌模樣的讀者朋友，請到 Youtube 網站上輸入「墨鏡哥」三個字，或是掃描下方的 QR Code，就能找到當時演場會的影片了。

▲江美琪 2015 面具演唱會上與墨鏡哥合唱影片。

這是我作夢都不曾出現的畫面，從沒想過自己會站在舞台上和很欣賞的歌手一起唱歌，原以為自己遭逢了不幸意外，卻幸運地認識了這群熱愛音樂的朋友，感謝他們給了我一生難忘的特別禮物。上帝關了一扇門，卻也打開了一扇窗，依照原定的人生進行式來看，肯定不會有這樣的機會，反倒是失明後受到了許多人的關注與關愛，真應驗了那句「塞翁失馬，焉知非福」的老話。

電影只能用看的？

我經常思考為什麼看不見之後，多數以前可以做的事情就不能做了呢？會不會有其他替代方式？比如看電影就是一個例子。難道失去了視力，連休閒嗜好也得被迫全部放棄嗎？

在美國念書時，假日時刻我最喜歡看電影，喜歡抱著一桶爆米花、配上可樂，盡情地沉浸在電影畫面中；而這項對一般人來說，再平凡不過的休閒活動，現在對我來說卻成了遙不可及的事。

「電影真的只能用看的嗎？」腦海中出現了這個想法後，以我喜歡解決問題的好奇個性，開始尋找答案。

視障者雖然無法用眼睛看電影，但是能夠用耳朵「聽電影」，只不過前提是需要有人提供口述影像 (audio description) 服務。「口述影像」是透過口語或文字敘述，將視障者無法接收的視覺影像轉換成言辭表達。簡單地說，就是把看見的畫面描述出來。以電影為例，口述影像是在不干擾正常配樂、音效和對白的情況下，將影片中的視覺成分，如空間場景、人物表情、動作等用語言加以描述。

不論是電影或紀錄片，幾乎都沒有特別為視障者加上口述影像的服務。有些紀錄片有旁白，還算容易了解；動作片或劇情片縱使聽得到台詞，對劇情的理解也是一頭霧水。

我曾參加《看見台灣》紀錄片的播映會，吳念真導演的旁白非常到位，幾乎等同於口述影像。有一幕拍到海邊，隨著鏡頭慢慢拉近，吳導的描述愈來愈仔細，從海邊帶到不遠處的一座小山，山上有一個大坑，布滿五彩繽紛的花，近看才知道全都是垃圾，吳導帶著感性的語氣說出「很多很多的垃圾」，表現出遠看以為是花、近看卻是垃圾的驚訝，這段描述讓我很容易就在腦海中建構出影像畫面。

或許大家會提出質疑：「為什麼不乾脆聽小說就好？電子書能用語音報讀，內容甚至比電影更完整。」的確，如果要了解故事情節，聽小說確實比聽電影更仔細，但大部分人喜歡看電影除了享受聲光效果、多了音效豐富感之外，花費時間較短也是原因之一。沒學會速讀的人不太可能在兩小時內讀完一本《哈利波特》，卻可以看完一部電影。其實視障者的心態和一般人沒有太大不同，我們也想享受小確幸，而不是非得與世隔絕，過著隱士般平淡的生活。

◆培養口述影像人才

專業的口述影像必須真實客觀地闡述畫面，不宜加入個人意見。口述影像人員的語氣可以投入情感，但必須符合劇中角色的個性與心境，不能擅自揣摩、加油添醋。而且口述影像人員的觀察力與反應要比一般人敏銳，例如，在教室裡，一群學生吵吵鬧鬧，女主角突然拍了男主角的背部，大夥兒立刻哄堂大笑，原來男主角背上多了一張紙條，寫著「我是王八蛋」。如果口述影像只描述女主角拍了男主角的動作，卻沒有講出後面那段內容，聽電影的人就無從得知笑點在哪兒，因而無法理解後面的笑聲從何而來。

精采的口述影像能為視障者帶來如同看電影般的感受。我也試著開始做口述影像工作，習慣稱之為「聽電影」。我先挑一部想看的電影，然後請台灣視覺希望協會的志工王中彥邊看邊轉述場景，看完後，我整理聽到的對白和王中彥口述的內容，重新以口說錄音或共筆打成文字紀錄來描述這部電影的劇情。我的寫法盡量仔細，而且會設法補足關鍵性畫面，有點類似廣播劇的方式。同時仲瑜會協助製作動態圖文，讓我們的「聽電影」增添更多特色，無非是希望讓障礙者與非障礙者在瀏覽或「聽讀」時，能有豐富多元的享受。這些聽電影的文章內容都放在我的部落格裡，有興趣的朋友歡迎上網看看。

▲墨鏡哥 Dr.MORE 部落格——聽電影。

美國法令規定電視台一季要有四十小時口述影像節目，台灣目前只有公視有口述影像節目，時數是一年八小時，很明顯是不夠的。台灣已逐漸步入老年化社會，未來有更多口述影像的需求，這些事情雖然無法一次做到位，然而民間已有單位持續在努力，政府也應制定相關法令才能創造適合產業發展的環境。

我曾和台灣官員到國外考察，英國的教育體制裡，口述影像是有專門科系給予學位認定的人才培育，而且畢業後保障就業。在台灣，如果口述影像能成為一種職缺，相關人才的需求量增加，就會有更多人願意投身這個領域，我相信未來確實有必要積極開發這個市場。

讓我聽見你的旅行

一般人去旅行會拍下許多照片，卻很少人會選擇錄下聲音；或是單純地拍下影片，沒有加上旁白口述，明眼人看到照片大概可以猜到要表達什麼。而我時常在想如何有效地將純畫面轉化為聲音表述，就能讓視障者也能身歷其境。

因工作關係，我有較多機會出國洽公或參訪，起初很擔心搭飛機的高空氣壓會對眼睛造成影響，行前特地詢問了眼科醫師。醫師警告說：「搭飛機可能導致眼壓升高，眼球會膨脹，可能會爆掉！」後來想想，我的眼睛不就是每天處於高眼壓的狀態嗎？而且已經看不到了，最壞的狀況又能怎樣（墨鏡哥有練過，大家千萬不要學）。事後證明搭飛機的高空壓力確實會讓眼睛很不舒服，但是與平時不舒服的感覺差不了多少。

失明後第一次出國是和仲瑜一起去香港，我們兩個像是主持外景節目的主持人一樣，他沿途向我介紹所見所聞，他說，我發問，即使是平常又平凡的事物，我們也講得很高興。有了這次成功的經驗，我又開始動腦筋思索著是否能將旅行見聞透過聲音分享給無法或沒機會出國旅行的其他視障朋友？

二〇一五年六月，我在部落格上發表了一篇〈跟墨鏡哥一起聽香港〉文章，「聽旅行」正式上路，透過共筆的學妹汪芸旭以口述影像轉成文字的方式帶著墨鏡哥和其他視障朋友一起遊歷了蒙古自治區、法國巴黎、澳洲布里斯班、大陸成都，以及台南的四草綠色隧道等。

前陣子，學妹芸旭因工作關係到歐洲各國，我鼓起勇氣請她利用餘暇去觀光時，幫忙錄下當地的聲音，她擔心自己沒有經驗，不知道從何做起，我說：「妳假設是和我一起去到那裡，用妳的描述語言告訴我所看到的景色。」

後來她將錄音檔打成文字，傳了一篇文章給我，我聽完後又問了一些她當時的感受，這樣來來回回，去一趟法國就寫下了四篇文章。讓我印象最深刻的是她到教堂的錄音，教堂外紛雜的人聲在進入教堂內後，瞬間安靜了，連我的心情也在瞬間感受到那股祥和而跟著平靜下來。

這四篇文章都收錄在墨鏡哥部落格的「聽旅行」系列中，有興趣的讀者朋友，請掃瞄下方 QR Code 即可閱覽。

▲墨鏡哥 Dr.MORE 部落格 — 聽旅行。

如果我沒有主動要求在旅途中的朋友分享所見所聽所聞，這一切的感覺都不可能出現。學妹告訴我這種方式讓旅行有了不一樣的記憶方式，同時發現了平時可能會忽略的角落，了解到口述影像可以捕捉更多豐富的內容。對以語音描述的旅行者和用聲音聽旅行的視障者來說，口述影像都是打開人生旅途另一扇窗的其中一種方式。

無心插柳的「墨鏡哥」粉絲頁

我最初沒有打算成立墨鏡哥粉絲團，一切發展都是因緣際會的結果。

失明後，我開始聽廣播以了解新聞等即時資訊，念博士班時，我常在研究室裡聽廣播節目，學弟妹總喜歡笑稱我是阿公、阿嬤一輩舊時代的人。

有天，我們一群人在研究室裡嬉鬧玩著轉瓶子遊戲，規則是眾人圍坐成一圈，中央放一支橫躺的玻璃瓶，由發號施令的人先轉動瓶子，等瓶子靜止之後，瓶口指向誰，那個人就得聽命做一件事，無巧不巧，剛玩第一輪，學弟妹就異口同聲地說：「學長，是你！」（我至今仍很懷疑是他們集體誆我）。

我無所謂地聳聳肩，一派輕鬆說：「Fine，要我做什麼事情？」學弟說：「學長，你既然愛聽黎明柔的廣播節目，call in 她的節目吧。」其他人紛紛起鬨鼓掌叫好。

眼看著騎虎難下，腦筋一轉：「我一個人打電話怎麼可能打得進去，你們把手機拿出來，大家一起打。」節目太熱門，call in 滿線，過了半個多小時，竟然沒一個人成功撥通 call in 電話。

我逮住機會說：「Well，不是我不做，是時機不配合，我們繼續下一輪吧！」但這群愛玩愛鬧的學弟妹哪肯這麼輕易地善罷干休，他們乾脆改變戰略，要求我寫一段文字貼在「人來瘋—黎明柔來了」的粉絲頁上。

我二話不說，當場寫了一小段文字，標題寫著〈庶民天氣報告〉。學弟妹看完後嚇了一跳，「原來學長的文筆這麼好」，「平常看你窩在研究室，該不會都在寫這些有的沒的吧？」我本來就有寫部落格的習慣，只是沒公開宣傳罷了。後來學弟妹覺得只有文字不夠吸睛，簡單用圖像軟體做了一張搭配圖片，就幫我張貼在「人來瘋」的臉書粉絲頁上，結果那則ＰＯ文居然獲得了很大的迴響，連主持人黎明柔都在廣播中做出回應。

後來我不定期在人來瘋粉絲頁上發文，幾個月後，節目製作單位甚至主動問我要不要把這些文章整理集結。當時主持人黎明柔和節目企製都不知道我是視障者，看到配圖的每張照片我都帶著墨鏡，以為是故意營造神祕感。

交通大學博士班畢業典禮之後的那個週末，各大新聞媒體及報紙、網路都大篇幅報導了我的故事。黎明柔那天在家翻閱報紙時突然看到我的消息，忍不住對她媽媽大喊：「這就是我們的墨鏡哥啊！就是每天在粉絲頁上創意十足、KUSO無極限的墨鏡哥！」找到真愛、移居香港的明柔，也曾和她老公分享這段有趣的相認過程。

為了記錄這些文字，同時讓更多人看到內容，才決定成立「墨鏡哥」粉絲頁，每天發表一篇〈庶民天氣報告〉，我通常會先分享今天的天氣，再加入遇到的人事物與心情，小到日常雞毛蒜皮的事，大到推動無障礙化的理念，都是PO文的題材範圍。

我也了解Facebook使用者的習慣，如果寫長篇大論，一定沒有太多人有耐心讀完，所以透過圖文並茂的方式，吸引讀者的目光及興趣。

▲墨鏡哥Facebook粉絲頁。

「墨鏡哥」粉絲頁搭配的圖片最初是由交大的學弟妹組成的團隊製作，其中一位是香港僑生，和我很處得來，彼此溝通順暢，他做的圖片效果很接近我想呈現的畫面感覺。隨著大夥兒畢業陸續離開學校後，現今圖片製作的工作改由我弟弟仲瑜接手，他學過專業設計，對視覺規劃有自己的一套想法，因此溝通呈現畫面效果時，即使是親兄弟也有一陣磨合期。如果是從一開始關注我的粉絲頁的人，應該可以看出圖片的設計與編排風格是有經歷變化的。

我曾分析「墨鏡哥」粉絲頁受歡迎的原因，其一是內容不是以視覺為觀察角度，而是用聽覺、觸覺等感官為描述及記錄感受的主體。例如，在太陽下行走，明眼人會選擇走在陰涼處，而視障者只能拿著白手杖直直走，所以我們實際感受的氣溫可能比一般人更熱。別人用眼睛察覺豔陽光線的強烈，我則是用皮膚感受陽光的毒辣。

我寫的文章有個重要的特點是不太訴求悲情，我希望讓社會大眾了解即便是障礙者，也是努力靠自己的能力過日子，繼續用仍未失去的感官體驗這個世界，不管是用聽的或用聞的。我以自己身為障礙者的姿態，提供更多元的面向，向大家介紹並非只能用眼睛去感知這個世界。

「墨鏡哥」粉絲頁成立後，有些家長知道他們的孩子有 follow 我的粉絲頁，會私下詢問能不能寫一些有教育意義的文章；也有些人會主動和我分享他們的故事。例如，有位太太傳來私訊問我能不能幫忙解決她的問題：她先生罹患肺癌，正在醫院接受治療，孩子年紀很小，她一肩扛起家計，又要照料家人，蠟燭兩頭燒，不知道該怎麼辦。雖然她和我的狀況不同，但不難體會此時的她最需要的是被理解、體諒與陪伴，雖然無法提供物質上的幫助，但能給予心靈上的支持，我分享了我的家人是如何陪伴我走過生命的低谷，把我經歷過的事情以較正面的態度傳達給她，希望能帶給她一些力量與勇氣。

透過廣播節目與每天分享文章，有時間我也會直接回文聊天，我感覺到聽眾或臉友真的把我當成朋友。我的目的不是宣傳視障者很可憐或博取同情，而是想表達我們真實的感受與想法。當然訊息一旦公開自然會有各種不同的評價，有些障礙者認為我太輕浮，認為刻意拉攏非障礙者的心態可議；也有些障礙者很喜歡這種KUSO的圖文，過去他們經常躲在家裡，看到我勇於爬爬走，內心也受到鼓舞。

我成立粉絲頁的主要原因，除了想把目前努力推動的無障礙計畫、真實使用者遇到的情境讓大家了解以外，也想讓其他障礙者朋友知道，我做得到的事情，你們也可以做到；同時希望讓非障礙者更真實地理解我們，進而產生同理心，畢竟障礙者與非障礙者之間不應該有隔閡，因為「我們」不只是視障者、聽障者或身心障礙者，而是未來面臨老化的今日八〇%的主流大眾。

不論褒貶毀譽，任何事只要我做得開心、認為值得努力去做，就會一直做下去。當然身為障礙者的一員，我還是會繼續在文章中帶出各種社福公共議題，盡量發揮影響力（如果我有的話），喚醒大家的關注，不僅關注障礙者，也關注未來的自己。

也許在我有生之年都無法看到無障礙環境發生顯著的改變，但還是願意從自己開始一點一滴地做起，慢慢影響八〇%的主流族群。我相信只要不斷地向前走，距離理想中的目標就更接近了。如果窮我畢生之力仍舊沒做到的事，我也相信會有後繼之人持續努力，社會的進化就是一代一代的人不停創造進步的結果。

持續經營粉絲頁還有另一個重要原因是來自我個人的創作欲。

我從小喜歡畫圖，也有段時間很著迷於攝影，喜歡配合拍攝的照片寫一段文情並茂的文字內容，以滿足自己的文騷表現欲。失明初期，一想到再也無法透過相機的觀景窗看見世界，無法看到親手寫下的文字，深深覺得上天不只奪走我的眼睛，也扼殺了我的創作能力；直到我學會使用語音輸入轉成文字的軟體，才有機會重拾寫作的樂趣。

同時我也發現當描述內容不再以視覺為切入點後，寫出來的文字有明顯不同，我開始注意自己聽到或聞到的事物。例如，某一年情人節，觸景傷情，有感而發，寫了一篇文章紀念我和小雞那一段逝去的愛情，完成後以錄音方式朗讀了一遍，後來把檔案轉成 QR Code 藏在 Youtube 裡，當情緒藉著創作抒發之後，心傷也因有了出口而得以緩解。

Part 6

有能力只是不太方便——積極貢獻專長

如果世界尚有應該做而未完成的事、應執行而未實現的理想，那就是我們有生之年的最大鞭策。在生命走到終點之前，所有人的時間都是借來的，唯有專心當下，盡己所能，才稱得上不愧此生。

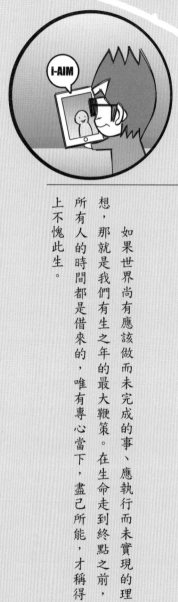

婉拒 Google 到資策會

失明之後，我體會到任何事情的發生都有其原因與用意，命運讓我的眼睛看不見，一定是有啟示性的目的；否則若只要我繼續過相同的生活，做相同的工作，上天何苦要這麼安排。

我最熟悉的是資訊業，研究所畢業後，決定從事無障礙軟體開發的整合或設計工作，結果透過平台媒合的工作大多以勞力為主，其他職缺對於障礙者的接受度普遍不高。轉念一想，美國在這方面的需求較高，工作機會應該較多，於是開始向美國公司投遞履歷，結果安排面試的回信竟如雪片般飛來，其中包括幸福企業 Google，我十分驚訝，畢竟那是許多資訊人夢寐以求的公司。

我前前後後與 Google 的人資主管面談長達六個月之久，因美國與台灣兩地的時差，幾乎都是在半夜腦筋不太清醒的狀態下回答問題。

有一回，面試主管提問：「Russ，你是視障使用者，我們現在要設計一台自動販賣機，視障者如何注意到這台販賣機，如何購買商品、付費？」

我不假思索地回答：「很簡單，只要讓販賣機發出聲音就可以了。」

面試主管說：「不，不能發出聲音。」

我完全沒料到他會直接否決這個設定，愣了一下，繼續說：「在地面上裝設凸起的標示，像導盲磚一樣，我就能順著指引走到販賣機前面。」

他頓了一下，又問：「那你如何選擇想要的商品？」

「螢幕採觸控式，然後聽聲音報讀。」

「不，不能有聲音。」

「用點字。」

「不行。」

「用聞的，不同的商品欄位散發出不同的味道。」

「好，要如何付款？」

「透過藍芽或 RFID（無線射頻辨識系統，又稱電子標籤），用手機付款。」這次我記取教訓，不再說用語音報讀了。

最後他要求我根據剛剛的回答提出一個演算法，我歸納後回答了演算法的步驟。隨後面試主管只簡單地說會再和我連絡，我忍不住當場反問：「我的方法你都說不行，請你說說怎樣才行。」

「我會採取溫度差異，讓經過的視障者可以察覺販賣機所在的位置。」

我坦白告訴他：「依我成為視障者兩年多的經驗，感知溫度差異對我來說不是那麼重要。」

他似乎不是要得到一個標準答案，只是考驗我是否能在短時間內腦力激盪，想出答案，就算天馬行空的回答也沒關係，只要有理論依據。

面試結束後，我對如何設計符合障礙者需求的產品有了更多省思，我發現自己忽略了很重要的一點，當面試者要求為視障者設計販賣機功能時，我的答案都是以自己本身就是視障者為範本，但視障者有長幼、高矮之別，我沒有進一步考慮到老年人可能行動不便，或沒有智慧型手機可以付款；設計一個友善關懷產品時，除了考慮到如何使用之外，還要想到會給誰用，以及好不好用。

我應徵的是Google產品中心的職位，後來經過多次面談，人資主管根據我的能力與所學相關性，把我轉調到其他單位，最後錄取的工作單位是ＦＡＥ(Frequent Asked Engineer)，也就是專門解決無障礙問題的部門，負責針對無障礙需求提出反饋。當時我想做的工作是產品端的開發，因為我身為障礙者，能夠根據自身經驗來設計產品；但人資主管認為我比較適合在ＦＡＥ部門，雙方溝通上一直不太順利。

朋友一聽到我有機會進Google工作，十分替我高興，但對我堅持要去產品部門的想法，直說這算是「甜蜜的兩難」吧！

其實我想要的不只是一份工作，而是真的想開發出一套無障礙產品。最後一場面試中，一位主管問我：「Russ，如果你想做的是和無障礙開發有關的工作，為什麼一定要在美國？在台灣沒有機會做到嗎？如果你在台灣任職，不是更直接幫助台灣人嗎？」當時台灣確實沒有這樣的產業環境，不然我也不會選擇隻身回美國找工作。

不過他的話觸動了我的靈感，如果真能在台灣研發無障礙產品，不是一件很棒的事嗎？我考慮了幾天後決定回絕 Google 提供的職位，打包準備回台灣。

朋友聽到我的決定後忍不住大叫：「你瘋了嗎？那可是 Google！怎麼不先進去再說？」

我酷酷地回答：「還好吧！」（好啦，我承認事後回想起來還是很興奮，「哇，Google 錄取我耶！」）

很慶幸的是就算我不工作，我的家人也能把我照顧得很好，但既然決定貢獻一己之力，金錢報酬就不是最主要考量的因素了。車子、房子都不是我想要的（事實上我也不能開車），我義無反顧，就是要做真的想做的事情。

回到台灣後，我一邊繼續投遞履歷，一邊成立視覺希望協會，期望幫助更多障礙學生解決就學遇到的問題。不久後，中正大學史無前例地招收了兩位來自馬來西亞的視障僑生，他們透過關係來找我幫忙解決上課的問題，而且分別在一、兩年內榮獲各自系所書卷獎的優異成績，事實證明只要給予障礙生足夠的輔具協助，使學習不受到障礙，他們一樣能表現得很好。

後來進入資策會工作完全是個意外，也可說是上天給我的一份禮物。當時我經常到各級學校演講，分享經驗與心得。恰好有次資策會長官坐在台下聽到我闡述關懷科技的無障礙裝置，會後他主動來問我：「如果資策會想開發無障礙裝置，應該從何處著手？」

很高興我長久以來堅持的訴求被聽見，也很感謝資策會給我一展專才的機會。資策會的長官們很尊重我的想法，也願意放手讓我有發揮的空間。我是資策會聘任的第一個視障員工，同仁們沒有因為我是障礙者，就對我的工作有差別待遇或特別通融，而是把我當成一般同仁平等對待，是的，我想要的正是一個能公平看待障礙者工作表現的環境。

雖然我一開始是以障礙者為產品開發的目標族群，但隨後想到老年人以及未來老化的人都應該納入目標族群，因此開發這類產品既緊急又重要，雖然現階段大家尚未感覺到無障礙環境及關懷科技的急迫性，可能覺得很重要卻不緊急，可是一旦幾年後需求量爆增時，再加緊腳步研發已是緩不濟急了。

而我選擇加入資策會團隊，是希望能有機會將發展「關懷科技」的想法在台灣扎根落實，一方面提供現階段的障礙使用者更好的協助，另一方面提前因應老年化社會來臨的衝擊，於公於私考量障礙者的實際需求，是我責無旁貸該努力的領域。

我一天到晚拋頭露面（笑）到處參加公益活動或演講，也是希望和我接觸過的人可以多少了解視障是怎麼一回事，只要有互動，視障者的處境會更被理解，非障礙者會更有同理心，願意讓障礙者進入到各種不同領域發揮專長。如果障礙者無法立足於各產業之中，這些地方將永遠不會有無障礙化的機會。因此我也想呼籲障礙者本身或是扶持團體要勇敢挺身而出，與社會主流大眾多一些交流與互動。

台灣視覺希望協會的成立

積極的人在每次憂患中看到一個機會，而消極的人則在每個機會中都看到某種憂患，而我選擇將事前的憂慮換化為即時縝密的思考和計畫。

有感於中途失明的人數愈來愈多，我覺得有必要成立新的扶助團體，因此號召發起成立「台灣視覺希望協會」。視覺希望協會共有五位發起人，除了我之外，還有一位交大學長、一位交大學弟、一位醫師、一位從事金融工作的夥伴，她本身患有眼疾，視力逐年衰退，正積極接受治療。

有別於愛盲協會和伊甸基金會，我們服務的對象不只限於障礙者本人，障礙者的家屬、朋友也在協會服務範圍內，針對他們的需求提供協助與資源。我們協會的宗旨是希望在病友尚未真正成為障礙者之前，只要有徵兆就可以及早啟動扶助系統，例如：在網路上設有無障礙群組，提供病友與扶持團體進行經驗與心情交流。

視覺希望協會也有個 LINE 群組是專供協會成員討論個人問題的地方，屬於比較私密的討論區。如果有需求可以先洽詢協會工作人員，技術性問題可以到「墨鏡哥」粉絲頁提問，我們也有專人負責回答。

除了提供協助，我們也積極推動各種計畫，希望打造無障礙化的社會環境，例如，目前致力的二大類計畫：第一、口述影像專員培訓計畫，讓更多人可以申請擔任視協員；第二、培訓網頁無障礙化視覺障礙檢測人員，一來增加視障者的工作選項，二來讓更多視障者可以無障礙地進入各網站。

坦白說，一開始真的不容易推動，我們拿著計畫書四處碰壁，許多公司不願意額外花錢打造無障礙使用介面；但沒有起頭，就永遠不會有改變。我們希望能透過提供視障者需要的服務，帶動視障者的勞動市場，進而改變障礙情境與降低受限因素。

我身為視覺希望協會理事長，經常要到立法院開會，遇到不少部會官員互踢皮球的狀況。例如，我們正致力推動口述影像計畫，與會官員原先認為障礙相關議題是衛福部負責，又說學習相關事務是教育部負責，最後則說影像屬於文化需求是文化部主管，光是一個議題就找了三個政府部門，還找不到主管機關。所以我花很多時間勤跑立法院，希望直接從立法程序著手，依法源組織統籌小組主持跨部門會議，權責不能是平行，而是由上而下指導。

當然也不是每個政府官員都只想著踢皮球。我曾與一位文化部長官討論口述影像的推廣，想不到她積極找來所有跨部會官員一起開會。我出席會議提供意見，會後與她談話才知道她和我一樣患有青光眼，視力正慢慢衰退，她想趁尚未完全失明之前，能做多少就盡量做好做滿。

口述影像就像是聽障者的手語，將影像的視覺畫面以口述方式講給視障者聽，然而，口述影像不只可以嘉惠視障者，對視力日漸弱化的老年人也有幫助，台灣已快速步入老年化社會，可預期口述影像的需求與重要性在不久的將來就會逐漸浮現。

如果我們不愛這個世界，即使睜大雙眼也看不見世界的美就在身邊；若我們愛世界上的人，儘管失去視力也能見到人間的善在各處蔓延。

障礙者與非障礙者的對話與交流

二〇一五年八月台灣視覺希望協會與一〇四人力銀行、台積電合作，舉辦「i-AIM APP x Eye Run 解放障礙視障體驗賽」，在台大和南科分別舉辦戶外視障體驗，讓民眾體驗沒辦法用視覺時要怎麼活動。第一場活動在台大田徑場舉行，現場來了三百多位一般民眾，其中約三成是小朋友，活動反應相當熱烈。

現場舉辦的活動很簡單，就是兩人一組，一人引導，另一人戴上眼罩。我們設計了三個不同的趣味關卡，分別是用嗅覺聞出指定的飲料，用嗅覺與同伴的聲音引導找到食物，最後一關則是觸摸指定物體，並透過同伴的口述，在紙上畫出那個物體。活動現場也有安排講座，請口述影像專員介紹如何口述，並提供民眾諮詢。

與其長篇大論呼籲大眾要有同理心，不如直接讓體驗者實際像視障者一樣用嗅覺、聽覺及觸覺去摸索、探索周遭環境，真實的經驗感受更容易產生同理心。我相信在活動結束後，他們心裡想的不只是好玩有趣，而是對障礙有了更深刻的體認與想法。

第二場南部活動則結合「台灣積體電路ＤＬ節系列活動」，為期四天三夜，讓台積電南科廠的四百多位同仁有機會參與這個富有教育及體驗的活動，因此能將同理心落實於工作及生活層面上。這次活動能有這麼多人參與，必須特別感謝台積電人資部的Amy、大愛社的睡美人和青蛙姐姐，以及熱心參加活動的台積電主管及同仁。

今年（二〇一六年）暑假，協會將和實踐大學舉辦暑期設計營，邀請未來有意投入設計領域的高中生與大學生參與。我們會營造障礙情境，讓體驗者進行非視覺的情境體驗探索，讓他們摸索失去視覺後怎樣設計產品，過去設計師強調的是設計給誰（design for），我們希望可以讓這些未來的設計師學習和誰一起設計（design with）的思維，設計出好看又好用，而且是任何人都可以用的產品，從教育扎根，培養同理心。

我現在只要有演講機會，就會設計一些簡單的體驗遊戲，讓聽眾在聆聽演講之餘，也能夠實際感受障礙者的情境，雙管齊下，提升同理心。

跨部會整合推動無障礙化

我在資策會致力開發 i-AIM APP，以眼睛代理人的概念，協助視覺障礙、低視能、高齡視力退化者辨識空間及物品，希望軟體設計能讓障礙者方便使用，也就是透過關懷科技提高障礙者的生活便利性。i AIM透過多次使用者實測觀察，不斷進行調整，希望讓APP介面盡量簡單、直覺，以降低不同視覺障礙狀況及教育程度的進入門檻，更是完全以障礙者為使用者角度出發的APP。

i-AIM具有友善的介面，僅有三顆按鍵，提供語音報讀，讓視障人士簡單學習與操作，兼具功能性「即時協助」與情感性「陪伴力量」。使用者只要先拍照、截圖，再撥號連線遠端客服人員，就能得到快速的服務；或利用即時視訊，透過客服人員的導引，當場解決問題，找回對生活的自主權與掌控權！

除了提供視障者貼心的辨識服務外，我還希望可以提供非視障別的其他障礙者更多工作機會，就像i-AIM募款廣告的客服人員妃妃，儘管行動不便，但完好的視力可以代替視障者的眼睛，讓障礙者幫助障礙者，讓彼此雙方都更容易走入社會。

我們團隊的努力慢慢被許多人看見，連電視製作單位也注意到了，讓我有機會以「博士生來了」的身分參與陶晶瑩小姐主持的「大學生了沒」節目，現場對大學生們有問必答，而陶子姐妙語如珠的對談，更展現對障礙者的高度同理心。螢光幕外的漏網鏡頭中，陶子姐直率熱心地公益贊助 i-AIM 口述影像專員培訓計畫，讓當時苦無經費來源的我們，得以順利地跨出第一步，而這一步除了讓我們站得穩以外，也更堅定地體認到「利他志業」是一條值得持續努力的道路。

我們協會也希望推廣降低用眼頻率的觀念，避免讓眼睛過度疲勞。日常生活八成以上的產品使用必須透過視覺操作，然而很多產品設計其實可以納入聲控裝置，比如韓國現代企業研發的汽車或行動裝置，都配備了聲控操作的功能，讓使用者可以輪流使用視覺或聽覺、語音操作。此這些功能未來能推廣應用到其他科技產品，滿足更多視障者的需求。此舉不是為了完全以聽力取代視力，而是分攤眼睛的負擔，好好保護視力，靈魂之窗才能用得長久。

所謂新科技產品的開發，我常以電子錢包為例，隨著電子支付系統的發達，現代人慢慢不太需要使用現金鈔票了。搭乘捷運可以用手機感應車資，網購、訂電影票，乃至吃飯都可以使用電子錢包付款。

乍看之下，這是典型的科技為生活型態帶來便利的革新，然而，也是有利視障者的創新。視障者不必再苦於觸摸辨識鈔票面額，也省去提款的困擾。對非障礙者便利的革新，同樣便利於障礙者，兩者並不互斥。Google 開發的無人車不也是如此？如果研發者在構想、研發階段，能夠多一點同理心，將障礙者需求納入考量，無障礙化情境並非遙不可及。

醫療無障礙，藥品資訊數位化

二〇一五年七月，在前立法院副院長洪秀柱與前立委楊玉欣的協助下，我們召開「視覺無障礙」記者會，根據醫療法第六十六條（藥劑容器或包裝上載明事項）：「醫院、診所對於診治之病人交付藥劑時，應於容器或包裝上載明病人姓名、性別、藥名、劑量、數量、用法、作用或適應症、警語或副作用、醫療機構名稱與地點、調劑者姓名及調劑年、月、日。」雖然過去已有醫院採用點字藥袋，但不是所有視障者都學過點字，也不符合現今的需求。現今智慧型行動裝置日趨普及，我們希望可以將上述資訊轉為QR Code，透過語音報讀，方便病人掌握用藥資訊。

衛生福利部南投醫院
Nantou Hospital, Ministry of Health and Welfare
南投院址：南投市復興路478號
電話：(049) 2231150
中興院址：南投市中興新村環山路57號
電話：(049) 2339165
http://www.nant.doh.gov.tw
掛號預約專線：(049) 2236049
掛號語音專線：(049) 2238813
用藥諮詢專線：
南投院區：(049) 2231150轉1252
中興院區：(049) 2239165轉815

處方日期 104/05/19 10:58
病歷號 262045
領藥號 A049門診
姓名 OOO 男 42歲

用法 每天三次 飯後 每次1粒
藥名 艾胃道服咀嚼錠 200MG
ALGI/Chewable tab
外觀 錠劑 圓扁形 白色
適應症 逆流性食道炎 胃灼熱

注意事項 腎衰竭患者需注意長期服用含鋁之胃藥

處方醫師鄭OO 藥師王OO
科別 內科

早上(Morning) 中午(Noon) 晚上(Night) 睡前(Bedtime) 飯前(Before meals) 飯後(After meals)

我們也持續推動醫療院所無障礙環境評估與友善服務ＳＯＰ，包括醫院外鋪設導盲磚，與院內服務人員引導障礙者掛號、就診、批價與領藥等。

以前我到醫院就醫時，大多有人陪同，但我也曾試著自己拿手杖走進醫院，結果不小心就敲到旁邊柱著拐杖的病人。醫院裡有病床、輪椅，還有推著點滴架的病人，視障者拿一根手杖擺動行走，是有些危險性的，因此希望能有安全的引導。我們得到衛福部善意的回應，二〇一五年八月起在全台二十六家部立醫院先行試辦，未來會逐步落實到全省各大醫院。

適用全障別的環境及軟體

一般民眾對無障礙需求的認知不一樣，甚至不同類別障礙者的認知也不盡相同，例如，捷運站等公共空間鋪設有導盲磚，方便視障者順著導盲磚行走，但對坐輪椅的人來說，如果輪子不小心卡到導盲磚，可能造成輪椅翻倒的危險。理想中的無障礙空間設計必須完整考量全障別的需求，若只考慮單一障礙別，可能過於偏頗，畢竟公共空間是屬於每一個人的，如何在一個空間內達到有效地輔助障礙者，又能顧慮到大眾的安全是最重要的考量。

二〇一五年一整年，我積極擔任專家諮詢的角色和政府各部會官員開會交流、溝通，例如，立法院、經濟部標準局、衛福部、交通部等。一方面提出視障者非視覺的需求，另一方面也積極體察其他障礙別的需求。儘管彼此在討論時難免有意見磨擦，但這正是互相學習與理解的機會。

在和文化部、NCC交流意見時，我希望在影視文化領域推動口述影像工作，就大膽提出建議應從金馬獎、金鐘獎等大型重要獎項直接列入「最佳口述影像獎項」，以直接肯定、積極鼓勵推動口述影像內容的製播。

我也希望更深入地耕耘社福議題，畢竟這些議題所涉及的問題，每個人年紀大了以後都有可能遇到，如果不及時處理，等到老化人口大幅增加後再來規劃，時效上就來不及了。我致力推廣及宣傳這些觀點，不只是為了視障者本身，而是希望能幫助到更多潛在的需求者。

假設我今天沒有失明，年紀大了以後同樣會面臨視力退化、行動不便的狀況，如果沒有友善的環境，只好天天窩在家裡看電視，結果是不友善的環境限縮了老年人的生活品質。我希望能降低環境的障礙，創造更多可能性，讓即將邁入高齡化的台灣社會真正成為擁有良好生活品質的居住地。

我現在主要從事的視障科技軟體系統的開發 (i-AIM)，一旦發展成熟可以創造許多就業機會，而這些工作機會正好適合眼睛看得見但行動不便的身障者，身障者也需要工作來謀生，如果就業市場的人力需求只願意接納四肢健全的人，則形成障礙者無法順利走入職場的困境，我認為足以容納障礙者就業的環境才有資格稱得上健全的社會。

i-AIM 應用軟體並非滿足於單純地視覺輔助辨識功能，我們更在意的是軟體是否真正符合使用者的生活需求，視障者在一天之中仰賴視覺輔助辨識的需求有多大？許多視障者因無法依靠視覺，記憶力通常比一般人更好，日常生活需要視覺協助的頻率沒有想像中那麼高。因此進一步發現視障者更需要的是即時對話功能，例如，我工作時要看一份文件內容，雖然可以用手機拍下再報讀，但如果拍下的文件是上下顛倒的，或者文件上有圖片或表格等非文字元素，都會導致報讀軟體辨識程度下降，甚至無法判讀，因此開發出 i-AIM 軟體，讓視障者可以即時透過網路，讓遠端的明眼工作人員協助辨識，並以口語陳述具體內容。

坊間雖有不少無障礙化服務設施或軟體，但大多是以非使用者的視角研發，開發工程師多是健康的正常人，依靠想像或刻板印象來設計軟體，因此往往無法滿足使用者的實際需求。我們做的 i-AIM 或許不是最新、最高科技的產品，卻是最合乎視障者需求的應用軟體。為什麼 i-AIM 堅持要找身障者來幫助視障者呢？因為一般人的耐心與同理心比不上同樣身為障礙者對不便的感同身受。

這些科技輔助產品能開發出來當然勝過於沒有，不過我自己身為科技人，卻始終認為不要讓自己過度依賴這些科技產品比較好，障礙者還是要先培養基本的生活認知能力，科技雖然可以幫助我們處理很多事情，但完全依賴它會使我們失去靠自己處理事情的能力，一旦科技產品發生技術問題或淘汰時，生活章法可能因此大亂。

無障礙網頁與視障檢測員

聯合國轄下資訊處公布無障礙規章W3C，規範如何符合無障礙網頁、APP無障礙。台灣通訊傳播委員會NCC也有提供認證，眼尖的網友可能會發現在某些公部門的網站上，最底下會有A、A⁺、AA、AAA四種英文字母標示，分別代表無障礙化的程度，儘管立意良好，但推廣不夠普及，民營企業網站較少申請認證。

國外先進國家對網頁無障礙化的做法是直接採用法令規範，而不是採取認證制，台灣國內也開始正視這些議題，我們希望能拋磚引玉，喚醒政府與社會大眾的關注，但無奈的是政策經常充滿變數，加上障礙者一向處於弱勢地位，政府各單位可能認為執行這些政策得不到太多掌聲，因此沒有感受到施行的急迫性。

無障礙化網頁不僅要考量視障者的報讀需求，另外聽障者觀賞影片時需要有字幕、肢體障礙可使用口吹式滑鼠或輔具敲打式鍵盤、眼球追蹤等功能；還有學障者的注意力不容易集中，需要保持網頁乾淨，避免影響注意力。取得最高級的ＡＡＡ認證，則要全面考量各種障別的需求，目前可以滿足視障者需求就幾乎已達八成標準，如果能同時滿足聽障、肢障、學障、精障等四大族群，就可算是達到最高標準的無障礙網頁了。

目前台灣已完成部分無障礙化網頁系統建置的大多是政府機關所屬的網站，如果未來能發展成網頁規劃及設計的必要趨勢，或是以法規強制要求民間企業的網頁符合無障礙化標準，無障礙網頁檢測員的人力需求就會隨之增加，而檢測員一職也是適合障礙者的職業選項之一，有助於提升障礙者的就業人口數，經過專業訓練的檢測員甚至可以跨足到海外企業任職。

成為一名專業視障檢測員要經過一連串課程的訓練，目前資策會、職訓局以及視覺希望協會都有安排相關課程。視障檢測員的檢測項目相當多，以二〇〇八年公布的 Web 內容無障礙指南（WCAG）2.0 為例，Web2.0 涵蓋範圍廣泛，目的是讓網頁內容能夠對障礙者更友善，包括視力障礙、聽力障礙、學習障礙、認知障礙、行動不便、言語殘疾、對光源過敏者，不僅如此，藉由此指南，非障礙人士也能夠更容易瀏覽網頁。

Web2.0 將檢驗標準分成可感知性、可操作性、可理解性與可相容性四大類，每一類下有數十條檢驗標準，並提供一致性準則給程式工程師參考。例如，在 1.4.4 條〈調整文本〉中規定除了字幕和文本圖像外，文本大小不需要輔助技術就可以放大至二〇〇%，且沒有內容或功能損失，此檢驗標準就是對應到一個程式語言，檢測員不是僅用滑鼠點選就好，還必須檢查程式原始碼設定才能夠確認是否符合標準，所以也必須具備程式語言能力。

培訓視障檢測員要投入很多人力與物力，相當不容易，但絕對是值得努力的方向，有些檢測員甚至可以做到自行開發無障礙網頁，以及成立專業檢測公司，專門協助政府機關及民營企業建構無障礙化網頁。

我覺得攸關障礙者的社福議題應該由政府機關積極主導，透過立法明確地制定政策法源依據，甚至主動提供誘因，讓民間企業願意從事技術研發。因為這些相關議題與工作若全由公部門負責處理，難免有效率低落或發展緩慢的疑慮，而交由民間企業，似乎又缺乏足夠誘因讓他們願意投入資金。

唯有政府先規劃出政策藍圖，並獎勵民間企業各自努力，才是推動無障礙化的不二法門。現在歐盟各國或美國擁有完善的無障礙政策，也是磨合了幾十年才形成的結果。也許是國情或文化不同，台灣有許多政策規範是透過減稅補貼等方式，吸引民間企業投入資源，但只要能達成最後目標，發展過程確實是可以因時因地制宜的。

這些年來我之所以積極投入無障礙法案推動，主要是因前立法委員楊玉欣的邀請，她十九歲被宣布罹患罕見疾病「三好氏遠端肌肉無力症」，她曾說：「墨鏡哥，我和你最相似的地方是腦袋是好的，但執行想法需要藉由他人扶持與協助，才能成就一些事情。」認識玉欣之後，我們開始合作讓重要的議題在合適的時間點發聲，她長年關注障礙者問題，願意傾聽不同障別的心聲，透過立委的身分與職權，整合不同障別的意見與需求，積極向政府各部會官員提出政策建議。

現階段政府與社會大眾或許還沒發現這些問題，或是根本不認為這些是問題，但透過對議題的探討與研究改善之道，可以引導我們邁向更好的社會，只要能真正讓社會各階層的人都認知無障礙化絕對不是只為了照顧現存的障礙者，而是為廣大的潛在障礙者未來預作綢繆，例如，長照法案不只涉及老年人的照護而已，也攸關我們每個人的未來。我相信只要更多人願意持續投注心力在相關領域，總有一天台灣會真正成為有愛無礙、相互扶持的友善社會。

視障帶來的生命啟示

雖然失明的不幸意外沒有經過我的同意即降臨到身上，但事後想想自己畢竟還算是幸運的例子，我的家人在第一時間趕回台灣協助及照顧我，如果是孤身的人遇到同樣的情形該怎麼辦？這個念頭一出現，讓我更願意積極投入心力在公益活動上，也是後來創立台灣視覺希望協會的起因，因為切身感受到障礙者當下的茫然失措，後續的重建之路如此漫長，如果有扶助團體能提供零距離的照料、協助，他們的家人也能獲得一些喘息的機會。

正式從 Yahoo 奇摩離職後，仲瑜陪我回公司收拾私人物品，一進到公司，發現我所有的東西都已被裝箱，走到辦公室門外，幾位同事和上司看到我，立刻趨前給予安慰與鼓勵，但我走到電梯門時，回想在Yahoo工作的一切種種，當下還是不免感到愴然。

不過轉念一想，或許這場病來得正是時候，我身為首頁負責人時，擁有相當大的權力，工作表現也備受公司肯定與期待，漸漸變得愈來愈自負，下班後偶爾呼朋引伴到酒吧喝點酒以抒解壓力，生活除了工作再無其他重心。失明後，我才了解工作表現再優異，也只是努力為公司創造業績，雖然我們多數人都需要一份工作，但要的不只是把工作做好而已，也想從工作中獲得自己的生命價值與收穫，這才是我想要努力的方向。

坦白說，以前的我的確太專注於工作，談起公事往往態度強硬、非黑即白，對部屬的工作要求嚴格，認為做不到的理由都是藉口。但現在我願意花時間傾聽，因為親身體會障礙者的不便，讓我對別人更有同理心，願意設身處地站在對方的角度思考，如果部屬無法達成工作要求，我會仔細地詢問難處並討論溝通，一起尋求解決問題的方法。

以前我面試應徵者的做法是先看學歷高低，問幾個專業題目，三兩下就能做出判斷，並決定錄取哪一位；但最近我的做法改變了，正在面試的無障礙軟體檢測人員，我會多花點時間和應徵者聊聊天。

因而發現其中一位身障應徵者是低收入戶，領有社會補助，我突然想到這份工作的薪水不高，如果她有了這份薪水收入，就會失去低收入戶的資格，孩子的教育補助金也可能被取消。我能體會她想靠自己的力量養家活口的堅強意志，但不希望因這份工作收入導致她的社福補助都沒了，反而讓全家的生活與經濟狀況陷入困境。

低收入戶的人通常不太可能馬上找到一份高薪的工作，然而政府一方面鼓勵低收入戶積極求職，一旦他們找到工作卻立刻收回補助，讓他們靠微薄的薪資度日，但薪資不足以支應生活支出時，他們只好辭掉工作，繼續靠請領補助維持生活，等於變相懲罰願意努力自立謀生的人。

那位身障應徵者說：「我真的想要一份工作，靠自己賺錢！」我明白每個障礙者可能都是個案，但制定政策的上位者未能深入了解障礙者實際的生活，美意反而變成惡果。

最後，我最想傳達給大眾的理念，同時也是我個人的座右銘「Do Something Calmer, Do Something More」，中文的說法接近「持續做，做更多」，並且盡最大的能力做得更好。

我自始自終沒有改變對大眾需求的關注，走出失明的陰霾之後，我願意做的事反而比以前更多。多做一點不是為了突顯自己能力強或彰顯偉大情操之類，而是認為只要多做，就能多幫助自己和別人，所謂的多做，並不一定是多大的事，若你平常較少與同事互動，今天願意主動和他人打招呼，人與人之間關係的改變往往就在不知不覺中發生，這正是多做一點的價值所在。

我時常在想：是不是因為過去我只在乎自己，只忙著眼前的工作，沒有好好照顧身體，沒多做點運動，最後傷害的是自己的健康；現在的我體會到「少做不如多做」的道理，因此盡力透過各種形式分享，小到粉絲頁的文章、演講、參加公益活動，大到推動無障礙化法案、拜訪政府部會說明障礙者真實需求，只要是能力所及的領域，我都願意多做一點。

談到 do more，一定有人會好奇我為何要出版這本書？我相信海倫凱勒的傳記一定比我的故事更勵志、更感人，因為她克服了先天的障礙困難；而我本來和你們一樣，從沒想過自己會在一夕之間變成視障者，當失明成為不可逆的事實之後，才發現身體障礙這件事其實離我們不遠。我希望能有一個管道或方式讓大家更了解障礙是怎麼一回事，進而意識到未來每個人都可能面臨同樣或類似的困難，進而讓社會上的每一分子都能更有同理心，願意更友善地設身處地關注障礙者的需求。這也是為什麼我願意將心路歷程一一在書中誠實表述的最大原因。

最後，非常感謝您願意花時間讀完這本書，如果我的拋磚引玉能對社會產生一些正向的影響及改變，那麼您肯定也是其中的推手之一。

謹獻上我最誠摯的謝意與祝福！

附錄：視障相關社福機構

台灣視覺希望協會 http://hova.pixnet.net/blog	Email：hovact@gmail.com
台灣盲人重建院 http://www.ibt.org.tw/	【北部總院】 地址：242 新北市新莊區中正路 384 號 電話：(02)2998-5588
	【中部服務中心】 地址：406 台中市文心路四段 83 號 17 樓 電話：(04)2293-5882
	【南部服務中心】 地址：813 高雄市左營區博愛二路 198 號 4 樓之 2 電話：(07)556-1563
中華定向行動學會 http://orienteering-club.blogspot.tw/	地址：111 台北市士林區中正路 601 號 12 樓之 1 電話：(02)2811-5354 Email：96oandm@gmail.com
惠光導盲犬基金會 http://www.guidedog.tw/	【北部本會】 地址：242 新北市新莊區中正路 384 號 電話：(02)2998-5588（請按 2）
	【中部分會】 地址：406 台中市北屯區文心路四段 83 號 17 樓 電話：(04)2293-5882
	【南部分會】 地址：813 高雄市左營區博愛二路 198 號 4 樓之 2 電話：(07)556-1563
台灣導盲犬協會 http://www.guidedog.org.tw/	【台北】 地址：112 台北市北投區致遠三路 160 號 1 樓 電話：(02)2827-2107
	【台中】 地址：408 台中市南屯區豐富路 299 巷 29 號 電話：(04)3702-3373
	【高雄】 地址：804 高雄市鼓山區民利街 120 號 電話：(07)976-5151 E-mail：tgda@guidedog.org.tw
科技輔具文教基金會 http://www.unlimiter.org.tw/	地址：台北市仁愛路三段 18-1 號 5 樓之 1 電話：(02)2704-7620 E-mail：shguo@unlimlier.com.tw

VIEW系列036

在最暗處看見光

作　　者—甘仲維（墨鏡哥）
文字採訪—葉柏顥
主　　編—邱憶伶
責任企畫—葉蘭芳
封面設計—我我設計
插畫繪製—甘仲瑜
版面設計—潘小麥

總 編 輯—李采洪
發 行 人—趙政岷
出 版 者—時報文化出版企業股份有限公司
一〇八〇三台北市和平西路三段二四〇號三樓
發行專線—（〇二）二三〇六六八四二
讀者服務專線—〇八〇〇二三一七〇五・（〇二）二三〇四七一〇三
讀者服務傳真—（〇二）二三〇四六八五八
郵撥—一九三四四七二四時報文化出版公司
信箱—台北郵政七九～九九信箱

時報悅讀網—http://www.readingtimes.com.tw
電子郵件信箱—newstudy@readingtimes.com.tw
時報出版愛讀者粉絲團—http://www.facebook.com/readingtimes.2
法律顧問—理律法律事務所　陳長文律師、李念祖律師
印　　刷—盈昌印刷有限公司
初版一刷—二〇一六年七月八日
初版二刷—二〇一七年十二月十八日
定　　價—新台幣二八〇元
（缺頁或破損的書，請寄回更換）

時報文化出版公司成立於一九七五年，
並於一九九九年股票上櫃公開發行，於二〇〇八年脫離中時集團非屬旺中，
以「尊重智慧與創意的文化事業」為信念。

在最暗處看見光／甘仲維 著.
-- 初版. -- 台北市：時報文化，2016.07
面，　公分. --（VIEW系列；36）
ISBN 978-957-13-6707-1（平裝）
1.甘仲維　2.台灣傳記　3.視障者
783.3886　　105010810

ISBN 978-957-13-6707-1
Printed in Taiwan